Libër gatimi i një pule të skuqur

100 RECETA KLASIKE TË FRYMËZUARA NGA JUGU

Besjana Librazhdi

Materiali për të drejtat e autorit ©2023

Të gjitha të drejtat e rezervuara

Pa pëlqimin e duhur me shkrim të botuesit dhe pronarit të së drejtës së autorit, ky libër nuk mund të përdoret ose shpërndahet në asnjë mënyrë, formë ose formë, përveç citimeve të shkurtra të përdorura në një përmbledhje. Ky libër nuk duhet të konsiderohet si zëvendësim i këshillave mjekësore, ligjore ose të tjera profesionale.

TABELA E PËRMBAJTJES

TABELA E PËRMBAJTJES 3
PREZANTIMI 6
PULË E SIGURUAR ME VAJ 7
   1. Pulë e pjekur me birrë 8
   2. Pulë e skuqur me dhallë 10
   3. Pulë e skuqur klasike jugore 12
   4. Pulë e skuqur koreane 14
   5. Pulë e skuqur Cajun 16
   6. Pulë në një batanije 18
   7. Pulat Cornish me limon të skuqur thellë 21
   8. Topa golfi të pulës me hudhër 23
   9. Copa ari pule 25
   10. Shirita pule limoni 27
   11. Krahë të skuqur të Perthit 30
   12. Pulë e skuqur perfekte krokante 32
   13. Pulë e vërtetë e skuqur nga jugu 35
   14. Pulë e skuqur bazë 37
   15. Pulë e pjekur në furrë, stili jugperëndimor 39
   16. Pulë me lëkurë mandarine 41
   17. Pulë në salcën e susamit 44
   18. Krahë pule të skuqura kineze 47
   19. Pulë e skuqur japoneze Karaage 49
   20. Gjoks të thjeshtë pule të skuqura në tigan 51
   21. Shirita pule të skuqura afrikane 53
   22. Pulë e skuqur jugore me lëng mishi 55
   23. Pulë e skuqur në Ranch me dhallë 57
PULË E PUKUR NË FURRE 59
   24. Pulë klasike e pjekur në furrë 60
   25. Kroketa pule braziliane 62
   26. Pulë me erëza të skuqur në furrë 65
   27. Pulë e pjekur në furrë me dhallë 67
   28. Pulë e pjekur në furrë me bar limoni 69
   29. Pulë me arra të pjekur në furrë 71
PULË E SIGURUAR NË AJËR 73
   30. Fryer pule me bajame 74
   31. Fitues me ajër pulë të mbushur Caprese 76
   32. Fryer me ajër Chimichangas pule 78
   33. Kotoleta krokante pule 80
   34. Këmbët e pulës krokante 82

35. Batulla të shijshme pule 84
36. Kofshët e pulës panje 86
37. Pjekje me pule parmixhane 89
38. Krahë pule të pjekura 91
39. Kulpa pule aziatike 93
40. Pule domate Mushrooms Piqem 95
41. Kulpa pule me glazurë me mjaltë 97
42. Kofshët e pulës me rozmarinë 99
43. Kopsa pule të ëmbla dhe pikante 101
44. Tavë pule 103
45. Pulë balsamike 105
46. Pulë me perime 107
47. Qofte pikante 109
48. Batulla të shijshme pule 111
49. Tavë pule greke 113
50. Piqem me pulë spanjolle 115
51. Chicken Alfredo Bake 117
52. Pulë Primavera 119
53. Kotoleta me djathë pule 121
54. Chipotle Chicken 123
55. Brie gjinjtë e pulës të mbushura 125
56. Kofshët e pulës krokante 127
57. Pemë pule me bukë 129
58. Piqem me pulë 131
59. Tavë me pulë dhe oriz 133
60. Pulë e pjekur me erëza 136
61. Batulla me shije pule 138
62. Pulë me djathë 140
63. Këmbët pikante të pulës 142
64. Kofshët e pulës me barishte 144
65. Pulë me domate 146
66. Gjoks pule italiane 148
67. Gjoks pule me kore parmixhani 150
68. Krahët e pulës të ziera me soje 152
69. Kulpa me erëza pule 154
70. Kofshët e pulës të ëmbla dhe të tharta 156
71. Pulë me spinaq 158
72. Pulë me limon-lime 160
73. Kërpucë pule krokante 162
74. Kofshët e pulës së pjekur 165
75. Pulë Stir Fry 167
76. Pulë me mustardë me mjaltë 169

77. Kaboba pule 171
78. Pulë e pjekur krokante 173
79. Kërpudha pule me xhenxhefil 175
80. Nuggets pule 177
81. Pule Crispy Cheese 179
82. Batullë pule me xhenxhefil 181
83. Tavë pule kremoze 183
84. Pule pineapple 186
85. Pulë me gjalpë barishtore 188
86. Pulë portokalli 190
87. Gjoks pule Cajun Roast 192
88. Krahët e shijshëm të pulës 194
89. Këpucë pule kineze 196
90. Kafshimet e shijshme të pulës 198
91. Gjoks pule të mbështjellë me proshutë 200
92. Fileto pule e skuqur në ajër 202
93. Pulë e shijshme japoneze 204
94. Patates pule 206
95. Pulë e pjekur në fermë të marinuar 208
96. Pulë e pjekur me piper limoni 210
97. Piqem me patate pule 212

FRYKIMI I FRYKIMIT 214
98. Erëza franceze Tourtiere 215
99. Kari i Karaibeve 217
100. Përzierje erëzash Cajun 219

PËRFUNDIM 221

PREZANTIMI

A jeni adhurues i pulës së skuqur krokante, të lëngshme dhe të shijshme? Mos kërkoni më larg se ky udhëzues përfundimtar për të gjitha gjërat e pulës së skuqur! Nga recetat klasike jugore deri tek kthesat ndërkombëtare, ky libër gatimi ka gjithçka që ju nevojitet për të përsosur lojën tuaj të pulës së skuqur. Mësoni për prerjet më të mira të pulës për t'u përdorur, brumet dhe veshjet e ndryshme për të arritur atë krisje të përsosur dhe erëzat sekrete për ta çuar pulën tuaj të skuqur në nivelin tjetër. Do të gjeni receta për pulën e skuqur klasike të jugut, pulë të skuqur me erëza koreane, pulë të skuqur me dhallë, madje edhe opsione për tiganisje me ajër pa gluten. Lëreni përshtypjen e familjes dhe miqve tuaj me aftësitë tuaja të reja të pulës së skuqur dhe shijoni rehatinë dhe kënaqësinë që mund të sjellë vetëm një copë pule e skuqur në mënyrë perfekte. Pra, hiqeni pluhurin nga tigani dhe bëhuni gati për të skuqur pak shije!

pulë e skuqur, jugore, ushqim komod, lëng, krokant, i shijshëm, dhallë, koreane, pa gluten, fërgesë me ajër, brumë, lyerje, erëza, miqësore për familjen, klasike, ndërkombëtare, teknika gatimi, përtypje perfekte, përbërës të fshehtë, gatim në shtëpi , e shijshme, lëpirëse gishtash, udhëzues i fundit, receta, aftësi, kënaqësi, tigan..

PULË E SIGURUAR ME VAJ

1. **Pulë e pjekur me birrë**

Përbërësit

- 1 ½ kile gjysma të gjoksit të pulës pa kocka dhe pa lëkurë
- 1 ½ filxhan miell për të gjitha përdorimet
- 1 lugë çaji pluhur pjekjeje
- 2 vezë, të rrahura
- ½ filxhan birre
- 1 lugë çaji kripë
- ½ lugë çaji piper kajen
- 1 lugë gjelle e shijshme verore
- vaj për tiganisje

Drejtimet

1. Shpëlajeni pulën dhe priteni në rripa 1 inç. Në një tas mesatar, përzieni së bashku 1 filxhan miell dhe pluhurin për pjekje. Përzieni vezët e rrahura dhe birrën, lëreni mënjanë. Vendoseni ½ filxhan miell të mbetur në një tas të vogël ose qese letre kafe, shtoni kripë, piper kajen dhe shije të shijshme dhe tundeni që të përzihet mirë.
2. Ngrohni vajin në një furrë holandeze ose tiganisje të thellë në 375°F.
3. Hidhini shiritat e pulës në qese dhe tundini mirë që të mbulohen në mënyrë të barabartë. Zhytni shiritat e lyer me miell në brumë. Skuqini disa nga një në vaj të nxehtë në një furrë holandeze ose tiganisje të thellë, duke i kthyer një herë, derisa shtresa të marrë ngjyrë kafe të artë nga të dyja anët, rreth 4 deri në 5 minuta.
4. Hiqni shiritat nga vaji i nxehtë me darë ose lugë të prerë dhe mbajini të ngrohta në pjatë në një furrë të vendosur në temperaturën më të ulët derisa t'i shërbeni.
5. Shërben 4–6

2. Pulë e skuqur me dhallë

Përbërësit
- 2 gota dhallë
- 1 ½ lugë çaji kripë
- ½ lugë çaji piper i zi i sapo bluar
- 3 kilogramë copa pule të skuqura
- 1 filxhan miell për të gjitha përdorimet
- vaj për tiganisje të thellë

Drejtimet
1. Bashkoni dhallën me gjysmën e kripës dhe piperit. Vendoseni pulën në një qese plastike Ziploc dhe masën e derdhni mbi copat e pulës, ktheni të gjitha pjesët që të mbulohen mirë dhe vendosini në frigorifer gjatë natës.
2. Ngrohni vajin në një furrë holandeze ose tiganisje të thellë në 365°F.
3. Në një tas mesatar, përzieni miellin dhe gjysmën tjetër të kripës dhe piperit. Kullojeni marinadën nga copat e pulës dhe, duke përdorur një qese letre ose enë të cekët, lyeni copat e pulës me përzierjen e miellit, shkundni pjesën e tepërt dhe vendosini copat në një shtresë të vetme në një fletë letre të depiluar.
4. Shtoni me kujdes copat e pulës në vajin e nxehtë dhe ziejini për 5 deri në 7 minuta, me kapak. Hiqeni kapakun, kthejeni pulën dhe gatuajini copat për 5 deri në 7 minuta të tjera. Hiqni kapakun dhe ziejini edhe për 8 deri në 10 minuta të tjera, derisa lëkura të jetë krokante.
5. Hiqni copat e pulës me darë dhe kullojini ato në peshqir letre. Shërbejeni menjëherë në një pjatë të nxehur.
6. Shërben 4–6

3. Pulë e skuqur klasike jugore

Përbërësit:
2 paund. copa pule
1 filxhan miell për të gjitha përdorimet
1 lugë kripë
1 lugë piper i zi
1 lugë paprika
1 lugë hudhër pluhur
1 lugë qepë pluhur
1/2 lugë piper kajen
2 vezë
1/4 filxhan qumësht
Vaj vegjetal për tiganisje

Drejtimet:
Shpëlajini copat e pulës dhe thajini.
Në një pjatë të cekët, përzieni miellin, kripën, piperin, specin, pluhurin e hudhrës, pluhurin e qepës dhe piperin e kuq.
Në një tas të veçantë, përzieni vezët dhe qumështin.
Zhyteni secilën pjesë të pulës në përzierjen e vezëve dhe më pas në përzierjen e miellit, duke e lyer në mënyrë të barabartë.
Ngrohni 1 inç vaj në një tigan të thellë ose furrë holandeze në 350°F (175°C).
Skuqni pulën në tufa për 12-15 minuta, ose derisa të marrë ngjyrë kafe të artë dhe të gatuhet.
Kullojeni në një raft teli ose peshqir letre.

4. **Pulë e skuqur koreane**

Përbërësit:
2 paund. krahë pule ose daulle
1/2 filxhan niseshte misri
1/2 filxhan miell për të gjitha përdorimet
1 lugë kripë
1/2 lugë piper i zi
1/2 lugë hudhër pluhur
1/2 lugë pluhur qepë
1/2 lugë paprika
1/4 lugë piper kajen
Vaj vegjetal për tiganisje
1/4 filxhan gochujang (pastë koreane djegës)
2 lugë gjelle salcë soje
2 lugë mjaltë
2 lugë gjelle uthull orizi
2 thelpinj hudhre, te grira
1 lugë vaj susami
1 lugë fara susami, për zbukurim
2 qepë të njoma, të prera në feta, për zbukurim

Drejtimet:
Shpëlajini krahët e pulës ose daullet dhe thajini.

Në një pjatë të cekët, përzieni së bashku niseshtën e misrit, miellin, kripën, piperin e zi, pluhurin e hudhrës, pluhurin e qepës, paprikën dhe piperin e kuq.

Në një tas të veçantë, përzieni gochujang, salcën e sojës, mjaltin, uthullën e orizit, hudhrën e grirë dhe vajin e susamit.

Ngrohni 1 inç vaj në një tigan të thellë ose furrë holandeze në 350°F (175°C).

Lyejeni secilën pjesë të pulës me përzierjen e miellit, duke e shkundur tepricën.

Skuqni pulën në tufa për 10-12 minuta, ose derisa të marrë ngjyrë kafe të artë dhe të gatuhet.

Hidheni pulën në përzierjen e gochujang derisa të lyhet mirë.

Dekoroni me farat e susamit dhe qepët e njoma.

5. Pulë e skuqur Cajun

Përbërësit:

2 kg copa pule
1 filxhan miell për të gjitha përdorimet
1 lugë erëza Cajun
1 lugë kripë
1/2 lugë piper i zi
1/2 lugë hudhër pluhur
1/2 lugë pluhur qepë
1/4 lugë piper kajen
1 filxhan dhallë
Vaj për tiganisje
Udhëzime:

Në një pjatë të cekët, përzieni miellin, erëzat Cajun, kripën, piperin e zi, pluhurin e hudhrës, pluhurin e qepës dhe piperin e kuq.
Në një enë tjetër të cekët, hidhni dhallën.
3. Zhytni secilën pjesë të pulës në dhallë, më pas fshijeni në përzierjen e miellit, duke u siguruar që të jetë lyer në mënyrë të barabartë.
Ngrohni vajin në një tigan të thellë mbi nxehtësinë mesatare-të lartë.
Skuqini copat e pulës për 15-20 minuta, ose derisa pula të marrë ngjyrë kafe të artë dhe të gatuhet.

6. Pulë në një batanije

Përbërësit
- Pulë e mbështjellë me pergamenë
- 4 qepë, vetëm majat jeshile
- 2 gjokse të mëdha pule
- 4 lugë çaji xhenxhefil të grirë
- 2 lugë çaji verë orizi
- 2 lugë çaji salcë soje
- 1 lugë çaji kripë
- ¼ lugë çaji piper i bardhë
- 1 lugë çaji sheqer
- 2 lugë çaji vaj
- 1 filxhan salcë teriyaki ose hoisin, për zhytje
- letër pergamene 24 katrore
- vaj për tiganisje të thellë

Drejtimet
1. Pritini qepët për së gjati dhe më pas pritini në gjatësi 1 ½ inç, më pas pritini gjokset e pulës në shirita ½" të gjerë me 1 ½" në gjatësi.
2. Vendoseni xhenxhefilin e freskët dhe të grirë në një shtypje hudhre dhe shtrydhni 1 lugë çaji lëng xhenxhefili. Në një tas mesatar, kombinoni lëngun e xhenxhefilit me verën, qepët, salcën e sojës, kripën, piperin dhe sheqerin për të bërë një marinadë për shiritat e pulës. Lëreni pulën të marinohet në temperaturën e dhomës në një enë të mbuluar për të paktën 30 minuta.
3. Vendosni një katror pergamenë para jush, me një cep drejt jush. Fërkoni pak vaj në qendër të letrës dhe vendosni 1 copë pule me madhësi 1 lugë gjelle dhe pak qepë mbi letër horizontalisht, shumë poshtë qendrës së katrorit me kënd.
4. Palosni këndin e poshtëm lart për të mbuluar mishin, më pas palosni këndin e majtë djathtas dhe këndin e djathtë majtas, për të bërë një zarf të vogël. Palosni këndin e sipërm poshtë dhe futeni mirë. Përsëriteni duke përdorur të gjitha katrorët e letrës

së pergamenës, duke përdorur pjesën tjetër të pulës dhe qepëve.
5. Në një tigan të thellë, ngrohni vajin në 375°F.
6. Skuqini 2 ose 3 zarfe në vaj të nxehtë për 1 minutë nga secila anë. I heqim me një lugë të prerë ose një shpatull dhe i kullojmë në peshqir letre.
7. Shërbejini ato me salcën teriyaki ose hoisin anash për zhytje. Secili person merr dy deri në tre zarfe të vendosura në pjatën e tij dhe të gjithë i hapin zarfat kur fillon vakti.
8. Shërben 10–12

7. Pulat Cornish me limon të skuqur thellë

Përbërësit
- 2 pula 1 ½ kile gjahu Cornish
- ¼ filxhan gjethe rozmarine të freskëta
- 2 lugë piper limoni
- 2 lugë kokrriza lëkure limoni të thata
- 1 lugë çaji hudhër pluhur
- 2 lugë çaji kripë
- vaj për tiganisje të thellë
- copa limoni për servirje

Drejtimet
1. Shpëlajini, pastroni dhe thajini pulat e gjahut, duke i rrahur brenda dhe jashtë me një peshqir letre.
2. Në një tas të vogël, përzieni rozmarinën, piperin e limonit, kokrrat e lëvores së limonit, hudhrën dhe kripën. Rezervoni gjysmën e masës dhe lëreni mënjanë. Fërkojeni gjysmën tjetër te pulat, duke i spërkatur edhe ato brenda. I leme te qendrojne te mbuluara ne temperature ambjenti per 1 ore.
3. Ngrohni vajin në një tigan ose furrë holandeze në 375°F. Vendosini me kujdes pulat Cornish në vaj të nxehtë dhe skuqini deri në kafe të artë, rreth 12 minuta.
4. Për të kontrolluar gatishmërinë, përdorni një lugë me vrima ose një darë për të hequr me kujdes pulën nga tenxherja dhe futni një termometër të leximit të menjëhershëm në pjesën më të trashë të kofshës, pa prekur kockën - duhet të lexojë 180°F.
5. Kaloni pulat në një raft teli dhe lërini të pushojnë të mbuluara për 5 minuta. Shërbejini të plota ose përdorni një thikë për t'i ndarë në gjysmë për së gjati. Spërkateni secilën pulë me përzierjen e rezervuar të erëzave/barishteve dhe shërbejeni.
6. Shërben 2–4

8. **Topa golfi të pulës me hudhër**

Përbërësit
- 2 kilogramë pulë e bluar (ose mish derri)
- ½ lugë çaji piper agrume
- ½ lugë çaji kripë
- ½ lugë çaji erëza për shpendët
- 2 lugë niseshte misri
- 2 lugë salcë soje
- 3 TE BARDHA VEZE:
- ½ lugë çaji xhenxhefil të sapo grirë
- 2 lugë verë Marsala (ose përdorni një sheri të preferuar)
- 4 thelpinj hudhre, te shtypura

Brumi:
- 1 filxhan niseshte misri
- 1 filxhan miell
- vaj për tiganisje të thellë

Drejtimet
1. Ngrohni vajin në 375°F në furrë holandeze ose në tenxhere të thellë.
2. Në një tas të madh përzieni plotësisht pulën me piper, kripë, erëza të shpendëve dhe të bardhat e vezëve. Lëreni masën të pushojë për 10 minuta, e mbuluar me plastikë. Formoni me duar masën e pulës në topa me madhësi topi golfi dhe vendosini në letër të depiluar ose letër alumini.
3. Përzieni niseshtenë e misrit me miellin dhe rrokullisni çdo top në këtë përzierje që të lyhet në mënyrë të barabartë.
4. Vendosni topat në vaj dhe ziejini derisa të notojnë dhe të marrin ngjyrë kafe të artë, rreth 5 minuta. E heqim me një lugë të prerë dhe e kullojmë në peshqir letre. Shërbejeni të ngrohtë.
5. Shërben 8

9. **Copa ari pule**

Përbërësit
- ½ filxhan miell
- 1 ½ lugë çaji kripë hudhër
- 1 lugë çaji paprika
- 1 lugë çaji sherebelë
- 1 lugë çaji pluhur qepë
- ½ lugë çaji piper i bardhë
- ½ lugë çaji erëza për shpendët
- ½ filxhan ujë
- 1 vezë e rrahur lehtë
- 3 gjokse pule të plota pa kocka, të hequra nga lëkura dhe të prera në copa 1 ½" me 1 ½"
- vaj për tiganisje të thellë
- 1 tufë majdanoz i freskët për zbukurim
- djathë parmixhano i grirë për zbukurim
- paprika për zbukurim

Drejtimet
1. Ngrohni vajin në 375°F në një tigan të thellë.
2. Kombinoni miellin dhe erëzat në një tas qelqi mesatar, shtoni ujin dhe vezën dhe përzieni mirë për të bërë një brumë të butë.
3. Zhytni copat e pulës në brumë, duke lejuar që çdo tepricë të kullojë. Fusni 3 deri në 4 copa në një kohë në vajin e nxehtë dhe skuqini derisa të jenë të freskëta - rreth 2 deri në 4 minuta. Kullojini copëzat mirë në peshqir letre, më pas vendoseni pulën në një pjatë të ngrohtë të zbukuruar me majdanoz të freskët. Spërkateni me djathë parmixhano të grirë dhe paprika dhe shërbejeni.
4. Shërben 6

10. Shirita pule limoni

Përbërësit
- 2 kilogram gjoks pule pa kocka

Brumi:
- ½ filxhan miell
- ½ filxhan niseshte misri
- ¼ lugë çaji kripë hudhër
- ½ lugë çaji pluhur pjekjeje me veprim të dyfishtë
- ½ lugë çaji vaj vegjetal

Salcë:
- 2 limonë të mëdhenj
- 3 lugë sheqer kaf
- ½ filxhan verë të bardhë
- 1 lugë çaji niseshte misri
- 2 lugë çaji ujë
- degë majdanozi për zbukurim
- vaj për tiganisje të thellë

Drejtimet
1. Ngrohni vajin në 350°F në furrë holandeze ose në tenxhere për tiganisje të thellë.
2. Pritini gjoksin e pulës pa kocka në shirita rreth 3" të gjatë dhe ½" të gjerë. I vendosim në një tas të cekët dhe i mbulojmë me mbështjellës dhe i lëmë mënjanë.
3. Në një enë mesatare, përzieni miellin, niseshtenë e misrit, pluhurin për pjekje, kripën dhe vajin me një lugë të madhe dhe përzieni derisa të bëhet një masë homogjene.
4. Pritini një limon në feta ¼" dhe lëreni mënjanë. Shtrydhni lëngun e limonit të dytë në një tas të vogël, shtoni sheqerin dhe verën e bardhë dhe përzieni mirë. Le menjane.
5. Në një filxhan të vogël, përzieni niseshtën e misrit dhe 2 lugë çaji ujë. I trazojmë që të përzihen plotësisht. Le menjane.
6. Zhytni secilën pjesë të pulës në brumë dhe lëreni të pikojë përsëri në tas.

7. Skuqini thellë pulën në tufa të vogla prej 10-12 copë. Shiritat e pulës duhet të skuqen mirë në 4-5 minuta. Sigurohuni që të mos ngjiten së bashku.
8. Hiqni shiritat e përfunduar nga vaji me një lugë të prerë dhe kullojini në peshqir letre.
9. Gatuani salcën e limonit duke e hedhur përzierjen limon-sheqer-verë në një tenxhere të vogël dhe duke e vendosur lëngun të ziejë në zjarr të fortë. Shtoni përzierjen e niseshtës së misrit dhe ujit dhe përzieni derisa masa të trashet.
10. Vendosni copat e kulluara të pulës në një pjatë shumëngjyrëshe, shtoni fetat e limonit për zbukurim dhe spërkatni me majdanoz. Shërbejeni salcën e limonit anash.
11. Shërben 2–4

11. Krahë të skuqur të Perthit

Përbërësit
- 16 krahë pule
- 8 lugë salcë soje
- 7 lugë salcë perle
- 8 lugë gjelle sheri të ëmbël
- 3 lugë gjelle lëng limoni
- kripë dhe piper për shije
- 1 filxhan miell për të gjitha përdorimet
- 1 filxhan miell misri
- vaj për tiganisje të thellë

Drejtimet
1. Ngrohni fryerjen e thellë në 375°F.
2. Vendosini krahët e pulës në një enë qelqi jo poroze, qese plastike Ziploc ose tas inoks. Duke përdorur një thikë, hapni vrima në krahë për të lejuar që marinada të depërtojë në mish.
3. Në një tas të vogël, përzieni salcën e sojës, salcën e gocave të detit, sherin, lëngun e limonit, kripën dhe piperin dhe masën e derdhni sipër pulës. Mbulojeni enën ose mbyllni qesen dhe vendoseni në frigorifer për 12 deri në 24 orë.
4. Hiqeni pulën nga marinada, duke hequr marinadën e mbetur. Përziejini miellrat së bashku në një enë ose enë të cekët dhe hidhni krahët në këtë përzierje derisa të mbulohen mirë nga të gjitha anët.
5. Ngrohni vajin në një tigan të thellë. Gatuani krahët derisa të marrin ngjyrë kafe krokante, të gatuhen dhe lëngjet të jenë të qarta, rreth 4–5 minuta.
6. Kullojini në peshqir letre dhe shërbejini.
7. Shërben 8

12. Pulë e skuqur perfekte krokante

Rendimenti: 3 racione

Përbërësit
- 3 çerek këmbë pule mesatare (bosh), të prera në kofshë dhe shkopinj daulle
- 2 gota dhallë, ose sipas nevojës për të mbuluar
- ¾ filxhan miell për të gjitha përdorimet
- ¼ filxhan miell misri
- 1 lugë çaji qepë të grimcuar
- 1 lugë çaji hudhër të grimcuar
- 1 lugë çaji trumzë e bluar
- 1 lugë gjelle kripë
- ½ lugë çaji paprika
- ¼ lugë çaji monosodium glutamate (MSG)
- ¼ lugë çaji pluhur pjekjeje
- ⅛ lugë çaji piper i kuq
- 4 të bardha të mëdha vezësh të bardhat e vezëve të rrahura derisa të bëhen shkumë
- 2 gota vaj vegjetal për tiganisje

Drejtimet
a) Vendosni kofshët dhe kofshët e pulës në një tas dhe derdhni mbi pulën aq dhallë sa të mbulohet. Mbulojeni dhe vendoseni në frigorifer për 12 deri në 24 orë.
b) Kombinoni miellin, miellin e misrit, qepën e grimcuar, hudhrën e grimcuar, trumzën, kripën, paprikën, glutamatin monosodium, pluhurin për pjekje dhe piperin e kuq në një tas të madh e të gjerë.
c) Hiqeni pulën nga dhalli dhe shkundni tepricën. Hidhni dhallën.
d) Thajeni pulën me peshqir letre.
e) Lyejeni pulën në të bardhat e vezëve dhe shtypeni në përzierjen e miellit. Lëreni pulën e lyer të pushojë në një raft teli për 20 deri në 30 minuta.
f) Mbushni një tigan prej gize ose tigan me vaj vegjetal rreth 1/3 e plotë. Ngroheni në 350 gradë F (175 gradë C).

g) Ngrohni furrën në 250 gradë F (120 gradë C).
h) Skuqini pulën në vaj të nxehtë në tufa deri në kafe të artë dhe jo më rozë në qendër, 8 deri në 10 minuta për anë. Kofshët mund të zgjasin më shumë për t'u skuqur sesa kofshët e daulleve. Transferoni pulën e skuqur në një raft teli ose një tabaka të veshur me peshqir letre për ta kulluar.
i) Mbajeni pulën të ngrohtë në furrën e parangrohur ndërsa skuqni pjesët e mbetura.

13. Pulë e vërtetë e skuqur jugore

Shërbim: 4 racione

Përbërësit
- 3 gota dhallë, të ndara
- 3 lugë çaji kripë kosher, të ndara
- 1 lugë çaji piper i grirë trashë, i ndarë
- 1 pulë broiler/frytez (3 deri në 4 paund), të prera
- Vaj për tiganisje me yndyrë të thellë
- 2 gota miell për të gjitha përdorimet
- 1 lugë çaji pluhur qepë
- 1 lugë çaji hudhër pluhur
- 1 lugë çaji paprika

Drejtimi

a) Rrihni 1/8 lugë. piper, 1 lugë. kripë dhe 2 gota dhallë së bashku në një tas të cekët. Shtoni pulën më pas kthejeni në pallto; vendoseni në frigorifer gjatë natës duke u mbuluar.

b) Ngrohni vajin në 375 ° në një tigan të thellë ose në një tigan elektrik. Ndërkohë, në një tas të cekët vendosni dhallën e mbetur. Rrihni së bashku piperin dhe kripën e mbetur, paprikën, pluhurin e hudhrës, pluhurin e qepës dhe miellin në një enë tjetër të cekët.

c) Për shtresën e dytë të pjekjes, vendosni 1/2 përzierje mielli në një tas të veçantë të cekët. Kullojeni pulën, hidhni marinadën dhe më pas thajeni pulën; zhyteni në përzierjen e miellit derisa të lyhet nga të dyja anët dhe më pas shkundni tepricën.

d) Zhytni në dhallë; lëreni të kullojë tepricën. Lyejeni pulën në përzierjen e mbetur të miellit për shtresën e dytë të pjekjes, duke e rrahur për t'u ngjitur.

e) Skuqini pulën, disa copa në të njëjtën kohë, derisa lëngjet të jenë të qarta dhe pula të skuqet, rreth 4-5 minuta për anë; vendoseni në peshqir letre që të kullojë.

14. Pulë e skuqur bazë

Bën: 4

PËRBËRËSIT:
- ⅓ filxhan miell
- 1 lugë çaji kripë ose sipas shijes
- ¼ lugë çaji piper i bluar ose për shije
- 1 pulë e prerë në copa për servirje
- ½ filxhan shkurtues perimesh

UDHËZIME:
a) Në një qese të madhe plastike bashkoni miellin me kripë dhe piper. Tundeni pulën në qese me përzierje. Në një tigan të madh dhe të thellë mbi nxehtësinë mesatare, shkrihet duke shkurtuar.
b) Gatuani pulën pa mbuluar, ngroheni për 20 deri në 30 minuta nga secila anë ose derisa të gatuhet.

15. Pulë e pjekur në furrë, në stilin jugperëndimor

PËRBËRËSIT:
- 1 pulë e prerë në copa për servirje
- 1 filxhan dhallë
- ¾ lugë çaji Tabasco, sipas dëshirës
- Vaj vegjetal për tiganisje
- ½ filxhan miell
- ½ filxhan miell misri
- 1 lugë çaji kripë
- ¾ lugë çaji pluhur djegës
- ¼ lugë çaji piper i bluar

UDHËZIME:
a) Vendoseni pulën në një tas të madh. Spërkateni me Tabasco.
b) Hidhni dhallë sipër dhe lëreni të marinohet për 10 deri në 15 minuta. Ngrohni furrën në 425oF. Vendosni ½ inç vaj në fund të një tave të rëndë pjekjeje të madhe, aq sa të mbajë pulën pa grumbulluar. E vendosim tavën në furrë të ngrohet për 10 minuta.
c) Në një qese plastike bashkoni përbërësit e mbetur. Tundeni pulën në miell të kalitur. Hiqini copat një nga një dhe futini shpejt në vaj të nxehtë. Vendoseni në furrë dhe piqni për 20 minuta. Kthejeni dhe piqni për 10 deri në 15 minuta më gjatë ose derisa pula të jetë gatuar.
d) Kullojeni pulën në peshqirë letre të thërrmuar.

16. Pulë me lëkurë mandarine

PËRBËRËSIT:
- 3 te bardha veze te medha
- 2 lugë niseshte misri
- 1½ lugë salcë soje e lehtë, e ndarë
- ¼ lugë çaji piper i bardhë i bluar
- ¾ kile kofshët e pulës pa kocka, pa lëkurë, të prera në copa sa një kafshatë
- 3 gota vaj vegjetal
- 4 feta xhenxhefili të freskët të qëruara, secila përafërsisht sa një e katërta
- 1 lugë çaji kokrra piper Sichuan, pak të plasaritur
- Kripë Kosher
- ½ qepë e verdhë, e prerë hollë në shirita ¼ inç të gjerë
- Lëvozhga e 1 mandarine, e copëtuar në shirita ⅛ inç të trashë
- Lëng nga 2 mandarina (rreth ½ filxhan)
- 2 lugë çaji vaj susami
- ½ lugë çaji uthull orizi
- Sheqer kafe e lehtë
- 2 qepë, të prera hollë, për zbukurim
- 1 lugë fara susami, për zbukurim

UDHËZIME:
a) Në një tas, duke përdorur një pirun ose kamxhik, rrihni të bardhat e vezëve derisa të bëhen shkumë dhe derisa grumbujt më të ngushtë të bëhen shkumë. Përzieni niseshte misri, 2 lugë çaji soje të lehtë dhe piper të bardhë derisa të përzihet mirë. Palosni mishin e pulës dhe marinojini për 10 minuta.

b) Hidhni vajin në wok; vaji duhet të jetë rreth 1 deri në 1½ inç i thellë. Sillni vajin në 375°F mbi nxehtësinë mesatare-të lartë. Mund të dalloni se vaji është në temperaturën e duhur kur zhytni fundin e një luge druri në vaj. Nëse vaji flluska dhe zihet rreth tij, vaji është gati.

c) Duke përdorur një lugë të prerë ose një skarë wok, hiqni pulën nga marinada dhe shkundni pjesën e tepërt. Uleni me kujdes në vaj të nxehtë. Skuqini pulën në tufa për 3 deri në 4 minuta, ose derisa pula të marrë ngjyrë kafe të artë dhe të bëhet krokante në sipërfaqe. Transferoni në një pjatë të veshur me peshqir letre.

d) Hidhni të gjithë, përveç 1 lugë gjelle vaj nga wok dhe vendoseni në nxehtësi mesatare-të lartë. Rrotulloni vajin për të veshur bazën e wok-ut. Rregulloni vajin duke shtuar xhenxhefilin, kokrrat e piperit dhe pak kripë. Lëreni xhenxhefilin dhe kokrrat e piperit të ziejnë në vaj për rreth 30 sekonda, duke i rrotulluar butësisht.

e) Shtoni qepën dhe skuqeni, duke e hedhur dhe rrotulluar me një shpatull wok për 2 deri në 3 minuta, ose derisa qepa të bëhet e butë dhe e tejdukshme. Shtoni lëvozhgën e mandarinës dhe skuqeni për një minutë tjetër, ose derisa të ketë aromë.

f) Shtoni lëngun e mandarinës, vajin e susamit, uthullën dhe pak sheqer kaf. Lëreni salcën të ziejë dhe ziej për rreth 6 minuta, derisa të zvogëlohet përgjysmë. Duhet të jetë shurup dhe shumë i mprehtë. Shijoni dhe shtoni pak kripë, nëse është e nevojshme.

g) Fikni zjarrin dhe shtoni mishin e pulës së skuqur duke i hedhur të lyhet me salcën. Transferoni pulën në një pjatë, hidhni xhenxhefilin dhe zbukurojeni me qepët e prera në feta dhe farat e susamit. Shërbejeni të nxehtë.

17. Pulë në salcën e susamit

PËRBËRËSIT:
- 3 te bardha veze te medha
- 3 lugë niseshte misri, të ndara
- 1½ lugë salcë soje e lehtë, e ndarë
- 1 kile kofshët e pulës pa kocka, pa lëkurë, të prera në copa sa një kafshatë
- 3 gota vaj vegjetal
- 3 feta xhenxhefili të freskët të qëruara, secila sa një e katërta
- Kripë Kosher
- Thekon spec të kuq
- 3 thelpinj hudhër, të prera në mënyrë të trashë
- ¼ filxhan lëng pule me pak natrium
- 2 lugë vaj susami
- 2 qepë, të prera hollë, për zbukurim
- 1 lugë fara susami, për zbukurim

UDHËZIME:

a) Në një tas, duke përdorur një pirun ose kamxhik, rrihni të bardhat e vezëve derisa të bëhen shkumë dhe grumbujt më të ngushtë të të bardhës së vezës të bëhen shkumë. Përziejini së bashku 2 lugë gjelle niseshte misri dhe 2 lugë çaji soje të lehta derisa të përzihen mirë. Palosni mishin e pulës dhe marinojini për 10 minuta.

b) Hidhni vajin në wok; vaji duhet të jetë rreth 1 deri në 1½ inç i thellë. Sillni vajin në 375°F mbi nxehtësinë mesatare-të lartë. Mund të dalloni se vaji është në temperaturën e duhur kur zhytni fundin e një luge druri në vaj. Nëse vaji flluska dhe zihet rreth tij, vaji është gati.

c) Duke përdorur një lugë të prerë ose një skarë wok, hiqni pulën nga marinada dhe shkundni pjesën e tepërt. Uleni me kujdes në vaj të nxehtë. Skuqini pulën në tufa për 3 deri në 4 minuta, ose derisa pula të marrë ngjyrë kafe të artë dhe të bëhet krokante në sipërfaqe. Transferoni në një pjatë të veshur me peshqir letre.

d) Hidhni të gjithë, përveç 1 lugë gjelle vaj nga wok dhe vendoseni në nxehtësi mesatare-të lartë. Rrotulloni vajin për të veshur bazën e wok-ut. Rregulloni vajin duke shtuar xhenxhefilin dhe një majë kripë dhe piper të kuq. Lërini thekonet e xhenxhefilit dhe piperit të ziejnë në vaj për rreth 30 sekonda, duke i rrotulluar butësisht.

e) Shtoni hudhrën dhe skuqeni, duke e hedhur dhe rrotulluar me një shpatull wok për 30 sekonda. Hidhni lëngun e pulës, 2½ lugë çaji të mbetur sojë të lehtë dhe 1 lugë gjelle niseshte misri të mbetur. Ziejini për 4 deri në 5 minuta, derisa salca të trashet dhe të bëhet me shkëlqim. Shtoni vajin e susamit dhe përziejini të bashkohen.

f) Fikni zjarrin dhe shtoni mishin e pulës së skuqur duke i hedhur të lyhet me salcën. Hiqni xhenxhefilin dhe hidheni. Transferoni në një pjatë dhe zbukurojeni me qepët e prera në feta dhe farat e susamit.

18. **Krahë pule të skuqura kineze për të marrë me vete**

PËRBËRËSIT:
- 10 krahë pule të plota, të lara dhe të thata
- ⅛ lugë çaji piper i zi
- ¼ lugë çaji piper i bardhë
- ¼ lugë çaji pluhur hudhër
- 1 lugë çaji kripë
- ½ lugë çaji sheqer
- 1 lugë gjelle salcë soje
- 1 lugë gjelle verë Shaoxing
- 1 lugë çaji vaj susami
- 1 vezë
- 1 lugë niseshte misri
- 2 luge miell
- vaj, për tiganisje

UDHËZIME:

a) Kombinoni të gjithë përbërësit (përveç vajit të skuqjes, natyrisht) në një tas të madh përzierjeje. Përziejini gjithçka derisa krahët të jenë të veshura mirë.

b) Lërini krahët të marinohen për 2 orë në temperaturën e dhomës ose në frigorifer gjatë natës për rezultate më të mira.

c) Pas marinimit, nëse duket sikur ka lëng në krahë, sigurohuni që t'i përzieni përsëri mirë. Krahët duhet të jenë të veshura mirë me një shtresë të hollë si brumë. Nëse ende duket shumë i holluar me ujë, shtoni pak niseshte misri dhe miell.

d) Mbushni një tenxhere të mesme rreth ⅔ me vaj dhe ngroheni në 325 gradë F.

e) Skuqini krahët në tufa të vogla për 5 minuta dhe hiqini në një tavë të veshur me peshqir letre. Pasi të jenë skuqur të gjithë krahët, kthejini në tufa në vaj dhe skuqini përsëri për 3 minuta.

f) Kullojeni në peshqir letre ose në një raft ftohës dhe shërbejeni me salcë të nxehtë!

19. Pulë e skuqur japoneze Karaage

Shërbim: 6

Përbërësit:

- Salcë soje, tre lugë gjelle
- Kofshët e pulës pa kocka, një kile
- Sake, një lugë gjelle
- Pastë galike dhe xhenxhefil, një lugë çaji
- Niseshte patate Katakuriko, një çerek filxhani
- Majonezë japoneze, sipas nevojës
- Vaj gatimi, sipas nevojës

Drejtimet:

a) Pritini pulën në copa sa një kafshatë.

b) Shtoni xhenxhefilin, hudhrën, salcën e sojës dhe sake gatimi në një tas dhe përzieni derisa të kombinohen.

c) Shtoni pulën, lyejeni mirë dhe lëreni ta marinoni për njëzet minuta.

d) Kullojeni lëngun e tepërt nga pula dhe shtoni niseshtenë tuaj të patates katakuriko. Përziejini derisa copat të jenë veshur plotësisht.

e) Ngrohni pak vaj gatimi në një tigan rreth 180 gradë dhe provoni temperaturën duke hedhur pak miell.

f) Skuqini disa copa në një kohë për disa minuta derisa të marrin ngjyrën e thellë të artë-kafe, më pas hiqini dhe lërini të kullojnë në një raft teli ose role kuzhine.

g) Shërbejeni të nxehtë ose të ftohtë me disa copa limoni dhe një shtrydhje majonezë japoneze.

20. Gjoks të thjeshtë pule të skuqura në tigan

racione: 4 (8,7 oz. secila)

Përbërësit:
- 8 gjysma të gjoksit të pulës
- ½ lugë çaji piper ose për shije
- 4 lugë çaji djathë parmixhano të grirë (opsionale)
- ½ lugë çaji kripë kosher ose për shije
- ½ lugë vaj ulliri

Drejtimet:

a) Për të përgatitur pulën Vendosni një fletë mbështjellëse në tavolinën e punës dhe shtoni pulën. Mbulojeni me një fletë tjetër mbështjellëse dhe grijeni me një çekiç mishi derisa pula të rrafshohet në mënyrë të njëtrajtshme.
b) E rregullojmë pulën me kripë dhe piper. Lëreni të pushojë për 15-20 minuta.
c) Vendosni një tigan prej gize në nxehtësi të lartë - vendosni pulën në tigan. Lëreni të gatuhet i patrazuar për 2-3 minuta pa mbuluar derisa të marrë ngjyrë kafe të artë dhe të lirohet yndyra. Ktheni anët dhe gatuajeni për 2-3 minuta të tjera. Hiqeni tiganin nga zjarri.
d) Sipër spërkatni djathin parmixhano nëse përdorni. Vendosni furrën të piqet dhe ngroheni paraprakisht.
e) Vendosni tiganin në furrë dhe ziejini derisa djathi të shkrihet. Shërbejeni të nxehtë.

21. Shirita pule të skuqura afrikane

Përbërësit:
- 2 paund shirita gjoksi pule pa kocka
- 1-1/2 lugë çaji paprika
- 1 lugë çaji kripë
- 1 lugë çaji piper
- 1-1/2 gota miell
- 1–2 vezë, të rrahura
- 1/2 filxhan qumësht
- 2 gota vaj vegjetal

DREJTIMET:
1. Vendoseni pulën në një tas të madh. Sezoni shiritat e pulës së papërpunuar me paprika, piper dhe kripë.
2. E lyeni pulën me miell duke e vendosur në një qese (letër ose plastikë) me gjysmën e miellit dhe duke e tundur që të lyhet.
3. Rrihni vezët në një tas. Hiqni shiritat e pulës nga çanta. Lyejeni shiritat e pulës të lyer me miell në vezë. Hiqni dhe vendosni shiritat në miell përsëri. Hiqni copat e pulës nga qesja dhe shkundni miellin shtesë.
4. Lërini shiritat e pulës të pushojnë për disa minuta në mënyrë që veshja të ngjitet.
5. Ngrohni vajin në një tigan të thellë.
6. Provoni temperaturën e vajit duke hedhur pak miell, i cili duhet të skuqet, jo të digjet. Shtoni pulën në vaj.
7. Gatuani tërësisht për rreth katër minuta, duke e kthyer herë pas here, derisa të marrë ngjyrë kafe të artë nga të gjitha anët. Hiqeni, kullojeni në një raft teli dhe shërbejeni të nxehtë.
8. Shërben 10–12.

22. Pulë e skuqur jugore me lëng mishi

Përbërësit:

2 kg copa pule
1 filxhan miell për të gjitha përdorimet
1 lugë kripë
1 lugë paprika
1 lugë hudhër pluhur
1 lugë qepë pluhur
1/2 lugë piper i zi
1/4 lugë piper kajen
1 filxhan dhallë
Vaj për tiganisje
2 lugë gjelle miell për të gjitha përdorimet
2 gota qumësht

Udhëzime:
Në një pjatë të cekët, përzieni miellin, kripën, specin, pluhurin e hudhrës, pluhurin e qepës, piperin e zi dhe piperin e kuq.
Në një enë tjetër të cekët, hidhni dhallën.
Zhytni secilën pjesë të pulës në dhallë, më pas fshijeni në përzierjen e miellit, duke u siguruar që të jetë lyer në mënyrë të barabartë.
Ngrohni vajin në një tigan të thellë mbi nxehtësinë mesatare-të lartë.
Skuqini copat e pulës për 15-20 minuta, ose derisa pula të marrë ngjyrë kafe të artë dhe të gatuhet.
Hiqeni pulën nga tigani dhe lëreni mënjanë.
Në të njëjtën tigan, rrihni së bashku 2 lugë miell dhe pikimet nga skuqja e pulës.
Shtoni gradualisht 2 gota qumësht, duke e përzier vazhdimisht, derisa lëngu të trashet.
Shërbejeni pulën me lëng mishi.

23. Pulë e skuqur në Ranch me dhallë

Përbërësit:

2 kg copa pule
1 filxhan miell për të gjitha përdorimet
1 lugë kripë
1 lugë piper i zi
1 lugë hudhër pluhur
1 lugë qepë pluhur
1/2 lugë paprika
1/2 lugë kopër të thatë
1/2 lugë majdanoz të thatë
1/2 filxhan dhallë
1/4 filxhan salcë ranch
Vaj për tiganisje

Udhëzime:
Në një enë të cekët përzieni miellin, kripën, piperin e zi, hudhrën pluhur, pluhurin e qepës, paprikën, koprën e thatë dhe majdanozin e tharë.
Në një pjatë tjetër të cekët, rrihni së bashku salcën e dhallës dhe fermës.
Zhytni secilën pjesë të pulës në përzierjen e dhallës, më pas zhyteni në përzierjen e miellit, duke u siguruar që të jetë lyer në mënyrë të barabartë.
Ngrohni vajin në një tigan të thellë mbi nxehtësinë mesatare-të lartë.
5. Skuqini copat e pulës për 15-20 minuta, ose derisa pula të marrë ngjyrë kafe të artë dhe të gatuhet.

PULË E PUKUR NË FURRE

24. Pulë klasike e pjekur në furrë

Përbërësit:

2 kg copa pule
1 filxhan miell për të gjitha përdorimet
1 lugë kripë
1 lugë paprika
1 lugë hudhër pluhur
1 lugë qepë pluhur
1/2 lugë piper i zi
1/4 lugë piper kajen
1/2 filxhan qumësht
1 vezë
1/4 filxhan gjalpë, i shkrirë

Udhëzime:
Ngrohni furrën në 400°F.
Në një pjatë të cekët, përzieni miellin, kripën, specin, pluhurin e hudhrës, pluhurin e qepës, piperin e zi dhe piperin e kuq.
Në një enë tjetër të cekët, përzieni qumështin dhe vezën.
Zhytni secilën pjesë të pulës në përzierjen e qumështit, më pas zhyteni në përzierjen e miellit, duke u siguruar që të jetë lyer në mënyrë të barabartë.
Vendoseni pulën në një tepsi dhe spërkatni me gjalpë të shkrirë.
Piqni për 45-50 minuta, ose derisa pula të jetë krokante dhe të gatuhet.

25. Kroketa pule braziliane

Përbërësit
- 3 gjokse pule, pa lëkurë dhe pa kocka
- ½ qepë mesatare, e grirë
- 2 thelpinj hudhre, te grira holle
- 2 kube bujoni me pule
- 6 lugë gjalpë
- 1 ½ lugë çaji kripë
- ½ lugë çaji piper limoni
- 4 gota ujë
- 1 qepë e vogël jeshile, e grirë
- ¼ filxhan majdanoz të freskët të grirë
- 3 gota miell për të gjitha përdorimet
- 1 pako krem djathi 8 ons
- 2 te bardha veze
- therrime buke

Drejtimet
1. Në një tas të madh të sigurt për mikrovalë, gatuajeni gjoksin e pulës, qepën, hudhrën, bujonin e pulës, gjalpin, kripën, piperin dhe ujin në një furrë me mikrovalë në temperaturë të lartë. Pula duhet të gatuhet për 10 minuta.
2. Hiqni gjokset e pulës dhe grijini imët. Për ngjyrë, shtoni majdanozin dhe qepët e njoma.
3. Në një tenxhere të mesme zieni 3 gota lëngun e mbetur për 10 minuta. Shtojmë miellin dhe e trazojmë fort për rreth 1 minutë derisa të bëhet një brumë i lagësht. E nxjerrim brumin nga tava dhe e ftojmë në temperaturë të ngrohtë. E gatuajmë derisa të bëhet e lëmuar dhe të jenë zhdukur të gjitha kokrrat e miellit, rreth 10 minuta.
4. Ngrohni skuqjen e thellë në 350°F.
5. Rrafshoni brumin në trashësi ¼" me një petull dhe prisni 2 ½"–3 ½" rrathë me një prerës biskotash ose gotë për pije. Vendoseni brumin në pëllëmbën tuaj, shtoni 1 lugë çaji plot krem djathi dhe 1 lugë çaji nga mbushja e pulës.

6. Ndryshoni sasinë e përbërësve sipas madhësisë së rrethit të brumit që keni prerë në mënyrë që të mbyllni brumin me mbushjen që qëndron brenda. Gatuani mbetjet e papërdorura të brumit dhe i rrotulloni përsëri, duke prerë më shumë rrathë derisa të përdoret i gjithë brumi.
7. Palosni dhe mbyllni brumin në formë daulleje.
8. Brumin e mbushur e lyejmë me furçë me të bardhat e vezëve dhe e rrotullojmë mbi thërrimet e bukës derisa të lyhen.
9. Skuqini thellë për rreth 8 minuta ose deri në kafe të artë. Hiqeni nga vaji i nxehtë me lugë të prerë ose shpatull. I kullojmë në peshqir letre dhe e servirim të nxehtë.
10. Shërben 6–8

26. Pulë pikante të skuqur në furrë

Përbërësit:

8 kofshët e pulës me kocka dhe me lëkurë
1 filxhan miell për të gjitha përdorimet
1 lugë hudhër pluhur
1 lugë qepë pluhur
1 lugë paprika
1 lugë kripë
1/2 lugë piper i zi
1/2 lugë piper kajen
2 vezë, të rrahura
1 filxhan bukë panko
Spërkatje gatimi

Udhëzime:
Ngrohni furrën në 400°F.
Në një enë të cekët, përzieni miellin, pluhurin e hudhrës, pluhurin e qepës, specin, kripën, piperin e zi dhe piperin e kuq.
Zhyt çdo kofshë pule në përzierjen e miellit, duke shkundur çdo tepricë.
Zhyteni kofshën e pulës në vezët e rrahura, më pas lyeni me bukë panko, duke shtypur thërrimet e bukës mbi pulë për t'u siguruar që ato të ngjiten.
Vendosni kofshët e pulës në një fletë pjekjeje të veshur me letër furre dhe spërkatni me sprej gatimi.
Piqni për 45-50 minuta, ose derisa pula të jetë krokante dhe të gatuhet.

27. Pulë e pjekur në furrë me dhallë

Përbërësit:

8 kofshët e pulës me kocka dhe me lëkurë
1 filxhan miell për të gjitha përdorimet
1 lugë hudhër pluhur
1 lugë qepë pluhur
1 lugë paprika
1 lugë kripë
1/2 lugë piper i zi
1 filxhan dhallë
1/4 filxhan salcë ranch
1 filxhan bukë panko
Spërkatje gatimi

Udhëzime:
Ngrohni furrën në 400°F.
Në një enë të cekët përzieni miellin, hudhrën pluhur, pluhurin e qepës, paprikën, kripën dhe piperin e zi.
Në një pjatë tjetër të cekët, rrihni së bashku salcën e dhallës dhe fermës.
Zhytni secilën kofshë pule në përzierjen e qumështit të qumështit, më pas zhyteni në përzierjen e miellit, duke u siguruar që të jetë lyer në mënyrë të barabartë.
Zhyteni kofshën e pulës përsëri në përzierjen e dhallës, më pas lyeni me bukë panko, duke shtypur thërrimet e bukës mbi pulë për t'u siguruar që ato të ngjiten.
Vendosni kofshët e pulës në një fletë pjekjeje të veshur me letër furre dhe spërkatni me sprej gatimi.
Piqni për 45-50 minuta, ose derisa pula të jetë krokante dhe të gatuhet.

28. Pulë e skuqur në furrë me bar limoni

Përbërësit:

8 kofshët e pulës me kocka dhe me lëkurë
1 filxhan miell për të gjitha përdorimet
1 lugë hudhër pluhur
1 lugë qepë pluhur
1 lugë borzilok të thatë
1 lugë trumzë e thatë
1 lugë kripë
1/2 lugë piper i zi
2 vezë, të rrahura
1 filxhan bukë panko
1 limon i prerë me lëkurë
Spërkatje gatimi

Udhëzime:
Ngrohni furrën në 400°F.
Në një enë të cekët përzieni miellin, hudhrën pluhur, pluhurin e qepës, borzilokun e thatë, trumzën e thatë, kripën dhe piperin e zi.
Zhyt çdo kofshë pule në përzierjen e miellit, duke shkundur çdo tepricë.
Zhyteni kofshën e pulës në vezët e rrahura, më pas lyeni me bukë panko të përzier me lëkurë limoni, duke shtypur thërrimet e bukës mbi pulë për t'u siguruar që ato të ngjiten.
Vendosni kofshët e pulës në një fletë pjekjeje të veshur me letër furre dhe spërkatni me sprej gatimi.
Piqni për 45-50 minuta, ose derisa pula të jetë krokante dhe të gatuhet.

29. Pulë me arra të skuqur në furrë

Shërbim: 7

Përbërësit
- 1 filxhan përzierje për pjekje me dhallë
- 1/3 filxhan pecans të copëtuar
- 2 lugë çaji paprika
- 1/2 lugë çaji kripë
- 1/2 lugë çaji erëza shpendësh
- 1/2 lugë çaji sherebelë e tharë
- 1 (2 deri në 3 paund) pulë e plotë, e prerë në copa
- 1/2 filxhan qumësht të avulluar
- 1/3 lugë çaji gjalpë, i shkrirë

Drejtimi
a) Ngrohni një furrë në 175 ° C/350 ° F. Lyeni me yndyrë një 13x9 inç. enë për pjekje lehtë.
b) Përzieni sherebelën, erëzat e shpendëve, kripën, paprikën, pecans dhe përzierjen e biskotave në një pjatë të cekët.
c) Zhytni copat e pulës në qumësht të avulluar. Lyejeni bujarisht me përzierjen e pekanit. Vendosni copat në enën e përgatitur për pjekje. Hidhni gjalpë të shkrirë/margarinë.
d) Piqni për 1 orë në 175 ° C/350 ° F derisa lëngjet të jenë të qarta.

PULË E SIGURUAR NË AJËR

30. Fryer pule me bajame

Bën 2 porcione

Përbërësit:
- 1 vezë e madhe
- 1/4 filxhan dhallë
- 1 lugë çaji kripë hudhër
- 1/2 lugë çaji piper
- 1 filxhan bajame të grira, të grira hollë
- 2 gjysma gjoksi pule pa lëkurë pa kocka (6 ons secila)
- Opsionale: salcë sallatë në fermë, salcë barbekju ose mustardë mjalti

Drejtimet:
a) Ngrohni paraprakisht fryerjen me ajër në 350°. Në një tas të cekët, rrihni vezën, dhallën, kripën e hudhrës dhe piperin. Vendosni bajamet në një enë tjetër të cekët. Lyejeni pulën në përzierjen e vezëve, më pas në bajame, duke e rrahur për të ndihmuar ngjitjen e shtresës.
b) Vendoseni pulën në një shtresë të vetme në një tabaka të lyer me yndyrë në një kosh me fryerje me ajër; spërkatni me llak gatimi.
c) Gatuani derisa një termometër i futur në pulë të lexojë të paktën 165°, 15-18 minuta. Nëse dëshironi, shërbejeni me salcë ferme, salcë barbekju ose mustardë.

31. Fitues me ajër pule të mbushur Caprese

Rendimenti: 23 racione

Përbërësit:
- 2 gjoksa të mëdhenj pule pa kocka dhe pa lëkurë
- 1 domate rome e prerë në feta
- 1/4 kile mocarela e freskët, e prerë në feta
- 6 gjethe borziloku të freskët
- 1 lugë erëza italiane
- 1 lugë çaji kripë
- 1/2 lugë çaji piper
- 1 lugë çaji vaj ulliri ekstra i virgjër
- 1 lugë çaji uthull balsamike (opsionale)
- Një majë kripë dhe piper

Drejtimet:

a) Përgatitni pulën e mbushur me Caprese Fetë një xhep të gjerë në anën e trashë të secilit gjoks pule, duke e prerë pothuajse në anën tjetër, por jo deri në fund. Hapni pulën me flutur. Lyejeni pulën në mënyrë të barabartë me vaj dhe e rregulloni me kripë dhe piper.

b) Në gjysmën e djathtë të çdo gjoksi pule, shtroni fetat e mocarelës, fetat e domates dhe borzilokun e freskët.

c) Palosni me kujdes anën e majtë të pulës me flutur në të djathtë dhe mbylleni me 24 kruese dhëmbësh.

d) Sezoni pjesën e sipërme të çdo gjoksi me erëza italiane dhe pak kripë dhe piper.

e) Spërkatni llak gatimi mbi çdo gjoks pule të kalitur

f) Ngrohni paraprakisht fryerjen e ajrit në 350 gradë F.

g) Rreshtoni shportën me një shtresë ose fletë metalike për fryerje me ajër. Shtoni gjoksin e pulës të mbushur të përgatitur.

h) Gatuani 350 gradë 2530 minuta ose derisa temperatura e brendshme e pulës të arrijë 165 gradë F.

i) Spërkateni me uthull balsamike përpara se ta shërbeni (nëse përdorni).

32. Fryer me ajër Chimichangas pule

Përbërësit
- 2 kilogramë kofshët e pulës pa kocka, pa lëkurë, të gatuara dhe të grira
- 1 lugë gjelle erëza tako
- 1 (8 ons) Pako krem djathi, i zbutur
- 2 gota djathë meksikan të grirë
- 6 Tortila
- 1 lugë gjelle vaj ulliri ose llak me vaj ulliri

Drejtimet:

a) Ngrohni paraprakisht fryerën me ajër në 360 gradë.
b) Pritini kofshët e pulës.
c) Përzieni pulën, kremin e djathit, djathin e grirë dhe erëzat (nëse është e nevojshme).
d) Hidhni përafërsisht ½ filxhan përzierje pule në qendër të secilës tortilla me miell. Shtyp poshte.
e) Palosni tortilla mbi mbushjen duke palosur fillimisht anët dhe më pas rrotulloni chimichanga si një burrito.
f) Lyejeni vajin e ullirit mbi të gjitha anët e çdo chimichanga ose spërkatni në mënyrë të barabartë me vaj ulliri. Vendoseni në shportën e fryerjes me ajër me anën e shtresës poshtë.
g) Gatuani në fërgesë me ajër për rreth 4 minuta përpara se ta ktheni dhe ta gatuani për 4 deri në 8 minuta të tjera.
h) Shërbejeni me avokado, djathë shtesë, salcë kosi, salsa, ose mbushjet tuaja të preferuara.

33. Kotoleta krokante pule

Serbimet: 4

Përbërësit:
¾ filxhan miell
2 vezë të mëdha
1½ filxhan thërrime buke
¼ filxhan djathë parmixhano, i grirë
1 lugë gjelle pluhur mustardë
Kripë dhe piper i zi i bluar sipas dëshirës
4 (¼ inç të trasha) koteleta pule pa lëkurë dhe pa kocka

Drejtimet:
Në një tas të cekët shtoni miellin.
Në një tas të dytë thyejmë vezët dhe i rrahim mirë.
Në një tas të tretë, përzieni së bashku thërrimet e bukës, djathin, pluhurin e mustardës, kripën dhe piperin e zi.
E rregullojmë pulën me kripë dhe piper të zi.
E lyejmë pulën me miell, më pas e lyejmë në vezë të rrahura dhe në fund e lyejmë me masën e thërrimeve të bukës.
Shtypni butonin AIR OVEN MODE të furrës dixhitale Ninja Foodi dhe rrotulloni çelësin për të zgjedhur modalitetin "Air Fry".
Shtypni butonin TIME/SLICES dhe rrotulloni përsëri çelësin për të vendosur kohën e gatimit në 30 minuta.
Tani shtypni butonin TEMP/SHADE dhe rrotulloni çelësin për të vendosur temperaturën në 355 °F.
Shtypni butonin "Start/Stop" për të filluar.
Kur njësia të bie për të treguar se është ngrohur paraprakisht, hapni derën e furrës dhe lyejeni koshin e skuqjes me ajër.
Vendosni kotatet e pulës në koshin e përgatitur me ajër dhe futini në furrë.
Kur të përfundojë koha e gatimit, hapni derën e furrës dhe shërbejeni të nxehtë.

34. Këmbët e pulës krokante

Serbimet: 3
Koha e gatimit: 20 minuta
Përbërësit:
3 këmbë pule
1 filxhan dhallë
2 gota miell të bardhë
1 lugë çaji hudhër pluhur
1 lugë çaji pluhur qepë
1 lugë çaji qimnon i bluar
1 lugë çaji paprika
Kripë dhe piper i zi i bluar sipas dëshirës
1 luge vaj ulliri

Drejtimet:
Në një enë vendosim këmbët e pulës dhe dhallën dhe vendosim në frigorifer për rreth 2 orë.
Në një enë të cekët përzieni miellin dhe erëzat.
Hiqeni pulën nga dhalli.
Lyejmë këmbët e pulës me përzierjen e miellit, më pas i lyejmë në dhallë dhe në fund i lyejmë sërish me masën e miellit.
Shtypni butonin AIR OVEN MODE të furrës dixhitale Ninja Foodi dhe rrotulloni çelësin për të zgjedhur modalitetin "Air Fry".
Shtypni butonin TIME/SLICES dhe rrotulloni përsëri çelësin për të vendosur kohën e gatimit në 20 minuta.
Tani shtypni butonin TEMP/SHADE dhe rrotulloni çelësin për të vendosur temperaturën në 355 °F.
Shtypni butonin "Start/Stop" për të filluar.
Kur njësia të bie për të treguar se është ngrohur paraprakisht, hapni derën e furrës dhe lyejeni koshin e skuqjes me ajër.
Vendosni këmbët e pulës në koshin e përgatitur me ajër dhe spërkatni me vaj.
Fusni shportën në furrë.
Kur të përfundojë koha e gatimit, hapni derën e furrës dhe shërbejeni të nxehtë.

35. Shkopinj të shijshëm të pulës

Serbimet: 4
Koha e gatimit: 20 minuta
Përbërësit:
4 shkopinj pule
3/4 filxhan salcë teriyaki
4 lugë qepë të gjelbër, të copëtuar
1 lugë fara susami, të thekura

Drejtimet:
Zgjidhni modalitetin e skuqjes me ajër, vendosni temperaturën në 360 °F dhe vendosni kohëmatësin në 20 minuta. Shtypni çelësin e cilësimeve për t'u ngrohur paraprakisht.
Shtoni kopsat e pulës dhe salcën teriyaki në çantën me zinxhir. Mbyllni qesen dhe vendoseni në frigorifer për 1 orë.
Në koshin e tiganisjes me ajër, rregulloni kopsat e marinuara të pulës.
Pasi njësia të jetë nxehur paraprakisht, hapni derën dhe vendoseni koshin e fryerjes së ajrit në nivelin e sipërm të furrës dhe mbylleni derën.
E zbukurojmë me qepë të gjelbër dhe e spërkasim me farat e susamit.
Shërbejeni dhe shijoni.

36. Kofshët e pulës panje

Serbimet: 4
Koha e gatimit: 25 minuta
Përbërësit:
½ filxhan shurup panje
1 filxhan dhallë
1 vezë
1 lugë çaji hudhër pluhur
4 kofshët e pulës, me lëkurë, me kocka
Fërkim i thatë:
½ filxhan miell për të gjitha përdorimet
½ lugë çaji pluhur mjaltë
1 lugë gjelle kripë
1 lugë çaji paprika e ëmbël
¼ lugë çaji piper i tymosur
1 lugë çaji pluhur qepë
¼ lugë çaji piper i zi i bluar
¼ filxhan miell tapioke
½ lugë çaji piper kajen
½ lugë çaji pluhur hudhër

Drejtimet:
Rrihni dhallën, vezën, shurupin e panjeve dhe një lugë çaji hudhër në një qese Ziplock.
Shtoni kofshët e pulës në dhallë dhe mbylleni këtë qese. E tundni që të lyhet mirë pula dhe më pas vendoseni në frigorifer për 1 orë.
Ndërkohë, rrihni në një tas miellin me kripë, tapiokë, piper, paprikën e tymosur, specin e ëmbël, pluhur mjaltë, hudhrën e grimcuar, specin kajen dhe qepën e grirë.
Hiqeni pulën e marinuar nga qesja dhe lyejeni me përzierjen e miellit.
Shkundni tepricën dhe vendoseni pulën në furrë.
Vendoseni këtë fletë brenda furrës dixhitale të fryerës së ajrit Ninja Foodi dhe mbyllni derën e saj.
Zgjidhni modalitetin "AIR FRY" duke përdorur tastet e funksionit.
Vendosni kohën e tij të gatimit në 12 minuta dhe temperaturën në 380 °F, më pas shtypni "START/PAUSE" për të filluar ngrohjen paraprake.
Ktheni kofshët e pulës dhe vazhdoni pjekjen për 13 minuta të tjera në të njëjtën temperaturë.
Shërbejeni të ngrohtë.

37. Pjekje me pule me parmixhan

Serbimet: 3
Koha e gatimit: 50 minuta
Përbërësit:
3 gjysma gjoksi pule pa lëkurë dhe pa kocka
1 filxhan salcë marinara të përgatitur
¼ filxhan djathë parmixhano të grirë, të ndarë
½ pako croutons hudhër
½ pako djathë mocarela e grirë, e ndarë
2 lugë borzilok të freskët të grirë
1 luge vaj ulliri
1 thelpi hudhër, e shtypur dhe e grirë hollë
Thekon piper të kuq, për shije

Drejtimet:
Aktivizoni furrën tuaj dixhitale me ajër të fryerës Ninja Foodi dhe rrotulloni çelësin për të zgjedhur "Pjekim".
Ngrohni paraprakisht duke zgjedhur kohëmatësin për 3 minuta dhe temperaturën për 350 °F.
Lyejeni pjatën me yndyrë dhe spërkatni hudhrat dhe specat e kuq. Rregulloni gjokset e pulës në SearPlate dhe hidhni salcën marinara mbi pulën.
Gjithashtu hidhni sipër gjysmën e djathit mocarela dhe djathin parmixhano dhe më pas spërkatni krutonët.
Në fund, shtoni sipër djathin e mbetur mocarela, pasuar nga gjysma e djathit parmixhano.
Zgjidhni kohëmatësin për rreth 50 minuta dhe temperaturën për 160 °F.
Piqni derisa djathi dhe krutonët të marrin ngjyrë kafe të artë dhe mishi i pulës të mos jetë më rozë brenda.
Shërbejeni dhe shijoni!

38. Krahë pule të pjekura

Serbimet: 4
Koha e gatimit: 30 minuta
Përbërësit:
2 kg krahë pule të freskëta
1 lugë gjelle salcë Worcestershire
4 lugë gjelle gjalpë
4 lugë gjelle salcë piper kajen
2 lugë qepë të grirë, të copëtuar
1 lugë gjelle sheqer kaf
1 lugë gjelle kripë deti

Drejtimet:
Vendoseni raftin në pozicionin e poshtëm dhe mbyllni derën.
Zgjidhni modalitetin e pjekjes vendosni temperaturën në 350 °F dhe vendosni kohëmatësin në 30 minuta. Shtypni çelësin e cilësimeve për t'u ngrohur paraprakisht.
Rregulloni krahët e pulës në një tepsi.
Pasi njësia të jetë ngrohur paraprakisht, hapni derën dhe vendoseni tepsinë e çarçafëve në qendër të raftit dhe mbylleni derën.
Në një tas të madh, përzieni së bashku sheqerin kaf, salcën e piperit të kuq, salcën Worcestershire, gjalpin dhe kripën.
Hiqni krahët nga furra dhe vendosini në një tas dhe hidhini derisa krahët të jenë të veshura mirë.
E zbukurojmë me qepë dhe e shërbejmë.

39. Shkopinj pule aziatike

Serbimet: 4
Koha e gatimit: 20 minuta
Përbërësit:
8 shkopinj pule
1 lugë piper i zi
1 lugë vaj susami
2 lugë gjelle verë orizi
3 lugë salcë peshku
2 lugë hudhër, të grirë
1 lëng limoni
1/4 filxhan sheqer kaf
1/2 lugë salcë Sriracha
Kripë

Drejtimet:
Zgjidhni modalitetin e skuqjes me ajër, vendosni temperaturën në 360 °F dhe vendosni kohëmatësin në 20 minuta. Shtypni çelësin e cilësimeve për t'u ngrohur paraprakisht.
Shtoni kopsat e pulës dhe përbërësit e mbetur në enën e përzierjes dhe përziejini mirë.
Mbulojeni dhe vendoseni në frigorifer për 2 orë.
Në koshin e tiganisjes me ajër, rregulloni kopsat e marinuara të pulës.
Pasi njësia të jetë nxehur paraprakisht, hapni derën dhe vendoseni koshin e fryerjes së ajrit në nivelin e sipërm të furrës dhe mbylleni derën.
Shërbejeni dhe shijoni.

40. Kërpudha me domate pule në pjekje

Serbimet: 4
Koha e gatimit: 30 minuta
Përbërësit:
2 kg gjoks pule, të përgjysmuar
1/3 filxhan domate të thara në diell
8 oz kërpudha, të prera në feta
1/2 filxhan majonezë
1 lugë kripë

Drejtimet:
Vendoseni raftin në pozicionin e poshtëm dhe mbyllni derën. Zgjidhni modalitetin e pjekjes vendosni temperaturën në 390 °F dhe vendosni kohëmatësin në 30 minuta. Shtypni çelësin e cilësimeve për t'u ngrohur paraprakisht.
Vendoseni pulën në enën e pjekjes dhe sipër me kërpudha, domate të thara në diell, majonezë dhe kripë. Përziejini mirë.
Pasi njësia të jetë ngrohur paraprakisht, hapni derën dhe vendoseni enën e pjekjes në qendër të raftit dhe mbylleni derën. Shërbejeni dhe shijoni.

41. Batulle pule me xham me mjalte

Serbimet: 2
Koha e gatimit: 22 minuta
Përbërësit:
½ lugë gjelle trumzë e freskët, e grirë
2 lugë mustardë Dijon
½ lugë mjaltë
1 luge vaj ulliri
1 lugë çaji rozmarinë e freskët, e grirë
2 shkopinj pule pa kocka
Kripë dhe piper të zi, për shije

Drejtimet:
Merrni një tas dhe përzieni mustardën, mjaltin, barishtet, kripën, vajin dhe piperin e zi.
Shtoni në tas kopat e pulës dhe lyejini mirë me masën.
Mbulojeni dhe vendoseni në frigorifer gjatë natës.
Aktivizoni furrën tuaj dixhitale me ajër të skuqur Ninja Foodi dhe rrotulloni çelësin për të zgjedhur "Air Fry".
Zgjidhni kohëmatësin për rreth 12 minuta dhe temperaturën për 320 °F.
Lyejeni shportën e skuqjes me ajër dhe vendosni shkopinjtë në koshin e përgatitur.
Skuqini në ajër për rreth 12 minuta dhe më pas për rreth 10 minuta të tjera në 355 °F.
E heqim nga furra dhe e servirim në një pjatë.
Shërbejeni të nxehtë dhe shijoni!

42. Kofshët e pulës me rozmarinë

Serbimet: 2
Koha e gatimit: 20 minuta
Përbërësit:
2 kofshë pule pa lëkurë dhe pa kocka
1 lugë çaji rozmarinë e freskët, e grirë
Kripë dhe piper të zi të bluar, për shije
2 lugë gjalpë, i shkrirë

Drejtimet:
Fërkoni kofshët e pulës me kripë dhe piper të zi në mënyrë të barabartë dhe më pas lyeni me gjalpë të shkrirë. Vendosni kofshët e pulës në tepsi të lyer me yndyrë.
Zgjidhni modalitetin "BAKE" dhe kohën e gatimit deri në 20 minuta në furrën tuaj dixhitale me ajër të fryerës Ninja Foodi.
Vendosni temperaturën në 450 °F.
Shtypni butonin "START/PAUSE" për të nisur.
Futeni tavën e fletës në furrë kur njësia të bie për të treguar se koha e gatimit ka përfunduar; shtypni butonin "Power" për të ndaluar gatimin dhe për të hapur derën.
Shërbejeni të nxehtë.

43. Shkopinj pule të ëmbla dhe pikante

Serbimet: 2
Koha e gatimit: 20 minuta
Përbërësit:
2 shkopinj pule
½ thelpi hudhër, e shtypur
1 lugë çaji xhenxhefil, i grimcuar
1 lugë çaji sheqer kaf
½ lugë mustardë
½ lugë çaji pluhur djegës i kuq
½ lugë çaji piper kajen
½ lugë vaj vegjetal
Kripë dhe piper të zi, për shije

Drejtimet:
Merrni një tas dhe përzieni së bashku mustardën, xhenxhefilin, sheqerin kaf, vajin dhe erëzat.
Shtoni kopsat e pulës në tas për t'u lyer mirë.
Lëreni në frigorifer për të paktën 20 deri në 30 minuta.
Aktivizoni furrën tuaj dixhitale me ajër të skuqur Ninja Foodi dhe rrotulloni çelësin për të zgjedhur "Air Fry".
Zgjidhni kohëmatësin për rreth 10 minuta dhe temperaturën për 390 °F.
Lyejeni shportën e skuqjes me ajër dhe vendosni shkopinjtë në koshin e përgatitur.
Skuqini në ajër për rreth 10 minuta dhe më pas 10 minuta të tjera në 300 °F.
E heqim nga furra dhe e servirim në një pjatë.
Shërbejeni të nxehtë dhe shijoni!

44. Tavë pule

Serbimet: 5
Koha e gatimit: 25 minuta
Përbërësit:
1 1/4 kg pulë, e gatuar dhe e grirë
1/2 filxhan ujë
1/2 filxhan krem të rëndë
8 oz krem djathi
5 oz fasule jeshile, të copëtuara
1/4 filxhan djathë mocarela, i grirë
1/4 filxhan djathë parmixhano, i grirë në rende
1/2 lugë hudhër pluhur
Kripë

Drejtimet:
Në një tenxhere mesatare, ngrohni kremin e rëndë, djathin parmixhano, hudhrën pluhur, kremin e djathit, ujin dhe kripën në zjarr të ngadaltë derisa të jenë të lëmuara.
Shtoni bishtajat në enën e pjekjes me yndyrë.
Përhapeni pulën sipër bishtajave.
Hidhni përzierjen e kremës mbi pulën dhe sipër me mocarela.
Zgjidhni modalitetin e pjekjes dhe më pas vendosni temperaturën në 350 °F dhe kohën për 25 minuta. Shtypni fillimin.
Pasi furra dixhitale Ninja Foodi të nxehet më parë, vendoseni enën e pjekjes në furrë.
Shërbejeni dhe shijoni.

45. Pulë balsamike

Serbimet: 4
Koha e gatimit: 25 minuta
Përbërësit:
4 gjoks pule, pa lëkurë dhe pa kocka
1/2 filxhan uthull balsamike
2 lugë gjelle salcë soje
1/4 filxhan vaj ulliri
2 lugë gjelle rigon të thatë
2 thelpinj hudhre, te grira
Piper
Kripë

Drejtimet:
Vendoseni raftin në pozicionin e poshtëm dhe mbyllni derën. Zgjidhni modalitetin e pjekjes vendosni temperaturën në 390 °F dhe vendosni kohëmatësin në 25 minuta. Shtypni çelësin e cilësimeve për t'u ngrohur paraprakisht.
Në një tas, përzieni së bashku salcën e sojës, vajin, piperin, rigonin, hudhrën dhe uthullën.
Vendoseni pulën në një enë pjekjeje dhe derdhni përzierjen e salcës së sojës mbi pulën.
Pasi njësia të jetë ngrohur paraprakisht, hapni derën dhe vendoseni enën e pjekjes në qendër të raftit dhe mbylleni derën.
Shërbejeni dhe shijoni.

46. Pulë me perime

Serbimet: 4
Koha e gatimit: 50 minuta
Përbërësit:
8 kofshë pule, pa lëkurë dhe pa kocka
1 1/2 kg patate, të prera në copa
4 lugë gjelle vaj ulliri
1 lugë gjelle rigon të thatë
1/4 filxhani kaperi, të kulluar
10 oz speca të kuq të pjekur, të prerë në feta
2 gota domate qershi
4 thelpinj hudhre, te shtypura
Piper
Kripë

Drejtimet:
Vendoseni raftin në pozicionin e poshtëm dhe mbyllni derën.
Zgjidhni modalitetin e pjekjes vendosni temperaturën në 390 °F dhe vendosni kohëmatësin në 50 minuta. Shtypni çelësin e cilësimeve për t'u ngrohur paraprakisht.
E rregullojmë pulën me piper dhe kripë.
Ngrohni 2 lugë vaj në një tigan mbi nxehtësinë mesatare në të lartë.
Shtoni pulën dhe ziejini derisa të marrin ngjyrë kafe nga të dyja anët.
Vendoseni pulën në enën e pjekjes.
Përziejini patatet, rigonin, hudhrën, kaperin, specat e kuq dhe domatet. Spërkateni me vaj.
Pasi njësia të jetë ngrohur paraprakisht, hapni derën dhe vendoseni enën e pjekjes në raft dhe mbylleni derën.
Shërbejeni dhe shijoni.

47. Qofte pikante

Serbimet: 8
Koha e gatimit: 20 minuta
Përbërësit:
2 kg pulë të bluar
2 spec djegës jalapeno, të grira
2 lugë xhenxhefil, i grirë
1 lugë hudhër, e shtypur
3 lugë gjelle thërrime buke
1/4 filxhan cilantro e freskët, e copëtuar
1/4 filxhani qepë, të prera në feta
1 lugë gjelle koriandër të bluar
1 lugë gjelle salcë peshku
Piper
Kripë

Drejtimet:
Shtoni të gjithë përbërësit në tas dhe përziejini derisa të bashkohen mirë.
Nga përzierja bëni toptha të vegjël dhe vendosini në një tepsi.
Zgjidhni modalitetin e pjekjes dhe më pas vendosni temperaturën në 390 °F dhe kohën për 20 minuta. Shtypni fillimin.
Pasi furra dixhitale me ajër të skuqur Ninja Foodi të jetë nxehur më parë, vendoseni tavën me fletë në furrë.
Shërbejeni dhe shijoni.

48. Shkopinj të shijshëm të pulës

Serbimet: 2
Koha e gatimit: 15 minuta
Përbërësit:
2 shkopinj pule
2 lugë mjaltë
1 lugë gjelle vaj ulliri
1/4 lugë spec djegës, të grimcuar

Drejtimet:
Shtoni të gjithë përbërësit në qesen me zinxhir. Mbyllni qesen dhe tundeni mirë dhe vendoseni në frigorifer për 30 minuta.
Rregulloni pulën në një shportë me fryerje.
Zgjidhni skuqjen në ajër dhe më pas vendosni temperaturën në 400 °F dhe kohën për 15 minuta. Shtypni fillimin.
Pasi furra dixhitale me ajër të skuqur Ninja Foodi të jetë nxehur më parë, vendoseni shportën në shinat e sipërme të furrës.
Shërbejeni dhe shijoni.

49. Tavë pule greke

Serbimet: 6
Koha e gatimit: 25 minuta
Përbërësit:
2 gota rotisserie pule, të grira
8 tortilla misri
1 1/2 filxhan salsa
1 filxhan salcë kosi
2 gota djathë Monterey jack, i grirë
2 gota domate, të prera

Drejtimet:
Në një tas, përzieni së bashku pulën, 1 filxhan djathë, domate, salsa dhe salcë kosi.
Transferoni përzierjen e pulës në enë për pjekje të lyer me yndyrë.
Sipër hidhni tortillat dhe djathin e mbetur.
Zgjidhni modalitetin e pjekjes dhe më pas vendosni temperaturën në 400 °F dhe kohën për 25 minuta. Shtypni fillimin.
Pasi furra dixhitale Ninja Foodi të nxehet më parë, vendoseni enën e pjekjes në furrë.
Shërbejeni dhe shijoni.

50. Piqem me pulë spanjolle

Serbimet: 4
Koha e gatimit: 25 minuta.
Përbërësit:
½ qepë, të prerë në katër pjesë
½ qepë e kuqe, e prerë në katër pjesë
½ kile patate, të prera në katër pjesë
4 thelpinj hudhre
4 domate, të prera në katër pjesë
⅛ filxhan chorizo
¼ lugë çaji pluhur paprika
4 kofshë pule pa kocka
¼ lugë çaji rigon të tharë
½ piper zile jeshile, i grirë
Kripë, për shije
Piper i zi, për shije

Drejtimet:
Hidhni pulën, perimet dhe të gjithë përbërësit në një pjatë.
Transferoni "SearPlate" në furrën me fërgesë dixhitale "Ninja Foodi" dhe mbyllni derën.
Zgjidhni modalitetin "Pjekje" duke rrotulluar çelësin.
Shtypni butonin TIME/FELAT dhe ndryshoni vlerën në 25 minuta.
Shtypni butonin TEMP/SHADE dhe ndryshoni vlerën në 425 °F.
Shtypni Start/Stop për të filluar gatimin.
Shërbejeni të ngrohtë.

51. Pulë Alfredo Piqem

Serbimet: 2
Koha e gatimit: 25 minuta
Përbërësit:
¼ filxhan krem i trashë
½ filxhan qumësht
1 lugë miell i ndarë
½ thelpi hudhër, i grirë
1 filxhan makarona penne
½ lugë gjelle gjalpë
½ filxhan rotisserie pule në kubikë
½ filxhan djathë Parmigiano-Reggiano, i sapo grirë
½ majë arrëmyshk i bluar

Drejtimet:
Merrni një tenxhere të madhe me ujë pak të kripur dhe lëreni të vlojë.
Shtoni penet dhe gatuajeni për rreth 11 minuta.
Aktivizoni furrën tuaj dixhitale me ajër të fryerës Ninja Foodi dhe rrotulloni çelësin për të zgjedhur "Pjekim".
Vendosni kohën në 10 deri në 12 minuta dhe temperaturën në 375 °F. Shtypni Start/Stop për të filluar ngrohjen paraprake.
Ndërkohë, merrni një tigan dhe shkrini gjalpin në zjarr mesatar dhe gatuajeni hudhrën për rreth një minutë.
Shtoni miellin dhe përzieni vazhdimisht derisa të keni një pastë.
Hidhni qumështin dhe kremin duke i përzier vazhdimisht.
Përzieni djathin dhe arrëmyshk.
Tani shtoni makaronat me pena të kulluara dhe pulën e zier.
Hidheni përzierjen në një enë të sigurt për furrë.
Sipër spërkatni djathin.
Kur njësia të bie për të nënkuptuar se është ngrohur paraprakisht, shtoni pjatën në raft teli në furrën e fryerjes dixhitale të ajrit Ninja Foodi.
Piqni në furrën e parangrohur me ajër të fryerës dixhitale Ninja Foodi për rreth 10 deri në 12 minuta në 375 °F.
Shërbejeni dhe shijoni!

52. Pulë Primavera

Serbimet: 4
Koha e gatimit: 25 minuta.
Përbërësit:
4 gjoks pule, pa kocka
1 kungull i njomë, i prerë në feta
3 domate mesatare, të prera në feta
2 speca zile të verdha, të prera në feta
½ qepë e kuqe, e prerë në feta
2 luge vaj ulliri
1 lugë çaji erëza italiane
Kripë Kosher, për shije
Piper i zi i freskët i bluar, për shije
1 filxhan mocarela e grirë
Majdanoz i freskët i grirë për zbukurim

Drejtimet:
Gdhendni njërën anë në gjoksin e pulës dhe mbushini me të gjitha perimet.
Vendosini këto gjokse pule të mbushura në SearPlate, më pas derdhni vaj, erëza italiane, piper të zi, kripë dhe mocarela sipër pulës.
Transferoni "SearPlate" në furrën me fërgesë dixhitale "Ninja Foodi" dhe mbyllni derën.
Zgjidhni modalitetin "Pjekje" duke rrotulluar çelësin.
Shtypni butonin TIME/FELAT dhe ndryshoni vlerën në 25 minuta.
Shtypni butonin TEMP/SHADE dhe ndryshoni vlerën në 370 °F.
Shtypni Start/Stop për të filluar gatimin.
E zbukurojmë me majdanoz dhe e servirim të ngrohtë.

53. Kotoleta me djathë pule

Serbimet: 2
Koha e gatimit: 30 minuta
Përbërësit:
1 vezë e madhe
6 lugë miell
¾ filxhan bukë panko
2 lugë djathë parmixhano, i grirë
2 kotele pule, pa lëkurë dhe pa kocka
½ lugë gjelle pluhur mustardë
Kripë dhe piper të zi, për shije

Drejtimet:
Merrni një tas të cekët, shtoni miellin.
Në një tas të dytë, çani vezën dhe rrihni mirë.
Merrni një tas të tretë dhe përzieni së bashku thërrimet e bukës, djathrat, pluhur mustardë, kripë dhe piper të zi.
E rregullojmë pulën me kripë dhe piper të zi.
Lyejeni pulën me miell, më pas zhyteni në vezë të rrahur dhe në fund lyejeni me përzierjen e thërrimeve të bukës.
Aktivizoni furrën tuaj dixhitale me ajër të skuqur Ninja Foodi dhe rrotulloni çelësin për të zgjedhur "Air Fry".
Zgjidhni kohëmatësin për rreth 30 minuta dhe temperaturën për 355 °F.
Lyejeni shportën e skuqjes me ajër dhe vendosni kotatet e pulës në koshin e përgatitur.
E heqim nga furra dhe e servirim në një pjatë.
Shërbejeni të nxehtë dhe shijoni!

54. Chipotle Chicken

Serbimet: 2
Koha e gatimit: 18 minuta
Përbërësit:
2 gjoks pule, pa kocka
2 lugë gjelle vaj ulliri
2 lugë çaji spec djegës pluhur
1 lugë gjelle sheqer kaf
3 lugë kanaçe salcë adobo
1/2 lugë rigon të thatë
1 lugë qepë pluhur
1 lugë hudhër pluhur
Kripë

Drejtimet:
Zgjidhni modalitetin e skuqjes me ajër, vendosni temperaturën në 360 °F dhe vendosni kohëmatësin në 18 minuta. Shtypni çelësin e cilësimeve për t'u ngrohur paraprakisht.
Shtoni pulën dhe përbërësit e mbetur në qesen me zinxhir. Mbyllni qesen dhe vendoseni në frigorifer për 4 orë.
Rregulloni pulën e marinuar në shportën e fryerjes me ajër.
Pasi njësia të jetë nxehur paraprakisht, hapni derën dhe vendoseni koshin e fryerjes së ajrit në nivelin e sipërm të furrës dhe mbylleni derën.
Shërbejeni dhe shijoni.

55. Brie gjokse pule te mbushura

Serbimet: 4
Koha e gatimit: 15 minuta
Përbërësit:
2 fileto pule pa lëkurë dhe pa kocka
Kripë dhe piper i zi i bluar sipas dëshirës
4 feta djathi brie
1 lugë qepë e freskët, e grirë
4 feta proshutë

Drejtimet:
Pritini çdo fileto pule në 2 copa të barabarta.
Me kujdes, bëni një të çarë në secilën pjesë të pulës horizontalisht rreth ¼ inç nga buza.
Hapni çdo pjesë të pulës dhe rregulloni me kripë dhe piper të zi.
Vendosni 1 fetë djathi në zonën e hapur të secilës pjesë të pulës dhe spërkateni me qiqra.
Mbyllni copat e pulës dhe mbështillni secilën me një fetë proshutë.
Sigurojeni me kruese dhëmbësh.
Shtypni butonin AIR OVEN MODE të furrës dixhitale Ninja Foodi dhe rrotulloni çelësin për të zgjedhur modalitetin "Air Fry".
Shtypni butonin TIME/SLICES dhe rrotulloni sërish çelësin për të vendosur kohën e gatimit në 15 minuta.
Tani shtypni butonin TEMP/SHADE dhe rrotulloni çelësin për të vendosur temperaturën në 355 °F.
Shtypni butonin "Start/Stop" për të filluar.
Kur njësia të bie për të treguar se është ngrohur paraprakisht, hapni derën e furrës dhe lyejeni koshin e skuqjes me ajër.
Vendosni copat e pulës në koshin e përgatitur me ajër dhe futini në furrë.
Kur të përfundojë koha e gatimit, hapni derën e furrës dhe vendosni gjoksin e pulës të mbështjellë në një dërrasë prerëse.
Pritini në feta të madhësisë së dëshiruar dhe shërbejeni.

56. Kofshët e pulës krokante

Serbimet: 4
Koha e gatimit: 25 minuta
Përbërësit:
½ filxhan miell për të gjitha përdorimet
1½ lugë erëza Cajun
1 lugë çaji kripë erëza
1 vezë
4 kofshët e pulës me lëkurë

Drejtimet:
Në një tas të cekët, përzieni miellin, erëzat Cajun dhe kripën.
Në një enë tjetër thyejmë vezën dhe e rrahim mirë.
Lyejeni çdo kofshë pule me përzierjen e miellit, më pas zhytni në vezë të rrahur dhe në fund, lyeni përsëri me përzierjen e miellit.
Shkundni mirë miellin e tepërt.
Shtypni butonin AIR OVEN MODE të furrës dixhitale Ninja Foodi dhe rrotulloni çelësin për të zgjedhur modalitetin "Air Fry".
Shtypni butonin TIME/SLICES dhe rrotulloni sërish çelësin për të vendosur kohën e gatimit në 25 minuta.
Tani shtypni butonin TEMP/SHADE dhe rrotulloni çelësin për të vendosur temperaturën në 390 °F.
Shtypni butonin "Start/Stop" për të filluar.
Kur njësia të bie për të treguar se është ngrohur paraprakisht, hapni derën e furrës dhe lyejeni koshin e skuqjes me ajër.
Vendosni kofshët e pulës në koshin e përgatitur me ajër dhe futini në furrë.
Kur të përfundojë koha e gatimit, hapni derën e furrës dhe shërbejeni të nxehtë.

57. Fletë pule të pjekura

Serbimet: 2
Koha e gatimit: 15 minuta
Përbërësit:
4 fileto pule, pa lëkurë dhe pa kocka
½ vezë, e rrahur
1 lugë gjelle vaj vegjetal
¼ filxhani thërrime buke

Drejtimet:
Merrni një pjatë të cekët dhe shtoni vezën e rrahur.
Merrni një pjatë tjetër dhe përzieni së bashku vajin dhe thërrimet e bukës derisa të keni një masë të thërrmuar.
Zhytni filetot e pulës në vezën e rrahur dhe më pas lyejini me përzierjen e thërrimeve të bukës.
Shkundni shtresën e tepërt.
Aktivizoni furrën tuaj dixhitale me ajër të skuqur Ninja Foodi dhe rrotulloni çelësin për të zgjedhur "Air Fry".
Zgjidhni kohëmatësin për rreth 15 minuta dhe temperaturën për 355 °F.
Lyejeni shportën e skuqjes së ajrit dhe vendosni filetot e pulës në koshin e përgatitur.
E heqim nga furra dhe e servirim në një pjatë.
Shërbejeni të nxehtë dhe shijoni!

58. Pjekje me pule

Serbimet: 4
Koha e gatimit: 40 minuta
Përbërësit:
1 luge vaj ulliri
1 qepë e verdhë, e grirë
1 kanaçe domate të konservuara, të prera në kubikë
3 thelpinj hudhre, te grira
2 lugë majdanoz të freskët, të grirë
1 lugë çaji rigon të tharë
4 gjoks pule pa kocka
Kripë dhe piper të zi, për shije
¾ filxhan djathë gruyere, i grirë
1 lugë çaji erëza italiane
1 lugë majdanoz për zbukurim

Drejtimet:
Lyejeni enën e pjekjes Ninja me llak gatimi.
Hidhni domatet me vaj ulliri, hudhër, qepë, erëza italiane, rigon dhe majdanoz në një tas.
Përhapeni këtë përzierje domate në enën e përgatitur për pjekje.
Fërkojeni pulën me kripë dhe piper të zi, më pas vendoseni sipër domateve.
Transferojeni këtë enë pjekjeje në furrën e fyteve dixhitale Ninja Foodi dhe mbyllni derën e saj.
Zgjidhni modalitetin "AIR FRY" duke përdorur tastet e funksionit.
Vendosni kohën e tij të gatimit në 35 minuta dhe temperaturën në 400 °F, më pas shtypni "START/PAUSE" për të filluar ngrohjen paraprake.
Hidhni djathin mbi pulën dhe piqni për 5 minuta.
Shërbejeni të ngrohtë.

59. Tavë me pulë dhe oriz

Serbimet: 4
Koha e gatimit: 23 minuta.
Përbërësit:
2 kilogramë kofshët e pulës me kocka
Kripë dhe piper të zi
1 lugë çaji vaj ulliri
5 thelpi hudhër, të prera
2 qepë të mëdha, të grira
2 speca zile të mëdha të kuqe, të grira
1 lugë gjelle paprika e ëmbël hungareze
1 lugë çaji paprika hungareze e nxehtë
2 lugë pastë domate
2 gota lëng pule
3 gota oriz kaf, i shkrirë
2 lugë majdanoz, të grirë
6 lugë salcë kosi

Drejtimet:
E rregullojmë pulën me kripë, piper të zi dhe vaj ulliri.
Ziejeni pulën në një tigan për 5 minuta nga çdo anë, më pas transferojeni në SearPlate.
Kaurdisni qepën në të njëjtën tigan derisa të zbutet.
Hidhni hudhrat, specat dhe paprikën, më pas skuqini për 3 minuta.
Përzieni pastën e domates, lëngun e pulës dhe orizin.
Përziejini mirë dhe ziejini derisa orizi të jetë i butë, më pas shtoni kosin dhe majdanozin.
Përhapeni përzierjen mbi pulën në SearPlate.
Transferojeni "SearPlate" në furrën me fërgesë dixhitale "Ninja Foodi" dhe mbyllni derën.
Transferojeni sanduiçin në furrën me fërgesë dixhitale Ninja Foodi dhe mbyllni derën.
Zgjidhni modalitetin "Pjekje" duke rrotulluar çelësin.
Shtypni butonin TIME/FELAT dhe ndryshoni vlerën në 10 minuta.
Shtypni butonin TEMP/SHADE dhe ndryshoni vlerën në 375 °F.
Shtypni Start/Stop për të filluar gatimin.
Shërbejeni të ngrohtë.

60. Pulë e pjekur me erëza

Serbimet: 3
Koha e gatimit: 1 orë
Përbërësit:
1 lugë çaji paprika
½ lugë çaji piper kajen
½ lugë çaji piper i bardhë i bluar
½ lugë çaji pluhur hudhër
1 lugë çaji trumzë e tharë
½ lugë çaji pluhur qepë
Kripë dhe piper të zi, për shije
2 luge vaj
½ pulë e plotë, qafa dhe gjilpërat e hequra

Drejtimet:
Merrni një tas dhe përzieni trumzën dhe erëzat.
Lyejmë pulën me vaj dhe e lyejmë me përzierjen e erëzave.
Aktivizoni furrën tuaj dixhitale me ajër të skuqur Ninja Foodi dhe rrotulloni çelësin për të zgjedhur "Air Fry".
Zgjidhni kohëmatësin për rreth 30 minuta dhe temperaturën për 350 °F.
Vendoseni pulën në koshin e skuqur në ajër dhe skuqeni në ajër për 30 minuta.
Pas kësaj, nxirreni pulën, kthejeni dhe lëreni të skuqet në ajër për 30 minuta të tjera.
Kur të piqet, lëreni për 10 minuta në një pjatë të madhe dhe më pas gdhendni në copat e dëshiruara.
Shërbejeni dhe shijoni!

61. Batulle pule me shije

Serbimet: 6
Koha e gatimit: 25 minuta
Përbërësit:
1 1/2 lbs daulle pule
1 lugë vaj ulliri
1/4 e lugës së grirë qimnon
1/2 lugë rigon të thatë
1/4 lugë kajene
1 lugë paprika
1 lugë majdanoz të thatë
1/4 lugë pluhur qepë
1 lugë salcë mustardë mjaltë
1/2 lugë hudhër pluhur
1 lugë gjelle gjalpë, i shkrirë
Piper
Kripë

Drejtimet:
Zgjidhni modalitetin e skuqjes me ajër, vendosni temperaturën në 375 °F dhe vendosni kohëmatësin në 25 minuta. Shtypni çelësin e cilësimeve për t'u ngrohur paraprakisht.
Në një tas përzierjeje, hidhni kopsat e pulës me përbërësit e mbetur.
Vendosni kopsat e pulës në koshin e fryerjes me ajër.
Pasi njësia të jetë nxehur paraprakisht, hapni derën dhe vendoseni koshin e fryerjes së ajrit në nivelin e sipërm të furrës dhe mbylleni derën.
Shërbejeni dhe shijoni.

62. Pulë me djathë

Serbimet: 4
Koha e gatimit: 55 minuta
Përbërësit:
4 gjoks pule
1 lugë borzilok të thatë
1 lugë gjelle rigon të thatë
1 filxhan djathë parmixhano, i grirë në rende
1 filxhan gjysmë e gjysmë
1 filxhan djathë çedër, i grirë
Piper
Kripë

Drejtimet:
Vendosni gjokset e pulës në enën e lyer me yndyrë dhe sipër me djathë çedër.
Në një enë përzieni djathin parmixhano, gjysmën e gjysmë, rigonin, borzilokun, piperin dhe kripën.
Hidhni përzierjen e djathit mbi gjokset e pulës.
Zgjidhni modalitetin e pjekjes dhe më pas vendosni temperaturën në 375 °F dhe kohën për 55 minuta. Shtypni fillimin.
Pasi furra dixhitale Ninja Foodi të nxehet më parë, vendoseni enën e pjekjes në furrë.
Shërbejeni dhe shijoni.

63. Këmbët pikante të pulës

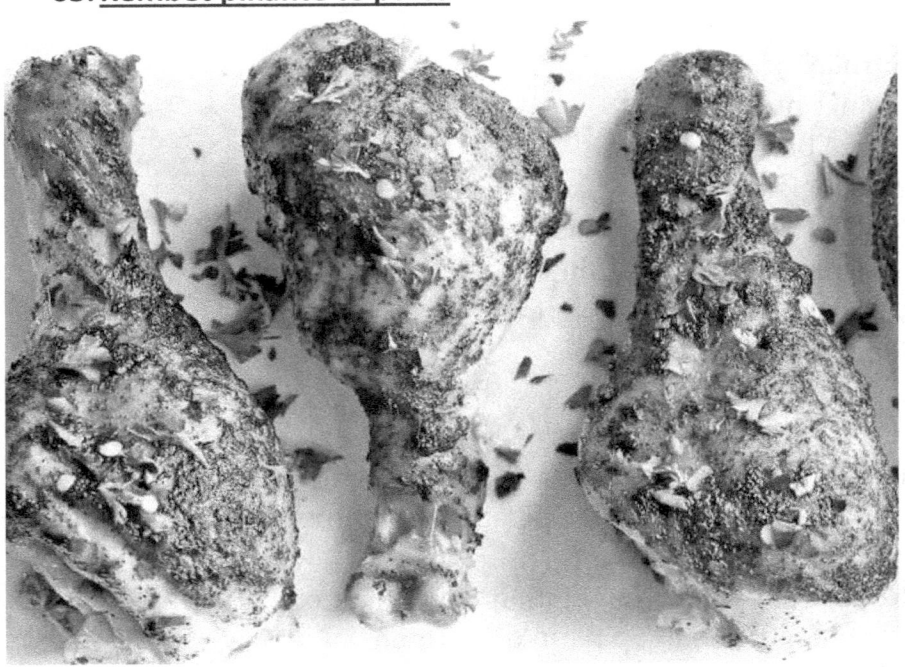

Serbimet: 6
Koha e gatimit: 25 minuta
Përbërësit:
6 këmbë pule
4 gota miell të bardhë
2 gota dhallë
2 lugë çaji pluhur qepë
2 lugë çaji hudhër pluhur
2 lugë çaji paprika
2 lugë çaji qimnon të bluar
Kripë dhe piper të zi, për shije
2 luge vaj ulliri

Drejtimet:
Merrni një tas, shtoni këmbët e pulës dhe dhallën. Lëreni në frigorifer për rreth 2 orë.
Merrni një tas tjetër, përzieni miellin dhe erëzat.
Hiqni këmbët e pulës nga dhalli dhe lyejini me përzierjen e miellit.
Bëjeni përsëri derisa të kemi një shtresë të hollë.
Aktivizoni furrën tuaj dixhitale me ajër të skuqur Ninja Foodi dhe rrotulloni çelësin për të zgjedhur "Air Fry".
Zgjidhni kohëmatësin për rreth 20 deri në 25 minuta dhe temperaturën për 360 °F.
Lyejeni shportën e skuqjes me ajër dhe mbi të rregulloni këmbët e pulës.
E nxjerrim kur këmbët e pulës të kenë marrë ngjyrë kafe dhe e shërbejmë në një pjatë për servirje.

64. Kofshët e pulës barishtore

Serbimet: 4
Koha e gatimit: 20 minuta
Përbërësit:
½ lugë rozmarinë e freskët, e grirë
½ lugë gjelle trumzë e freskët, e grirë
Kripë dhe piper i zi i bluar sipas dëshirës
4 kofshët e pulës
2 luge vaj ulliri

Drejtimet:
Në një tas të madh, shtoni barishtet, kripën dhe piperin e zi dhe përzieni mirë.
Lyejeni kofshët e pulës me vaj dhe më pas, fërkojini me përzierje barishte.
Vendosni kofshët e pulës në pjatën e lyer me yndyrë.
Shtypni butonin AIR OVEN MODE të furrës dixhitale Ninja Foodi dhe rrotulloni çelësin për të zgjedhur modalitetin "Air Fry".
Shtypni butonin TIME/SLICES dhe rrotulloni përsëri çelësin për të vendosur kohën e gatimit në 20 minuta.
Tani shtypni butonin TEMP/SHADE dhe rrotulloni çelësin për të vendosur temperaturën në 400 °F.
Shtypni butonin "Start/Stop" për të filluar.
Kur njësia të bie për të treguar se është ngrohur paraprakisht, hapni derën e furrës dhe futeni SearPlate në furrë.
Kthejini kofshët e pulës një herë në gjysmë.
Kur të përfundojë koha e gatimit, hapni derën e furrës dhe shërbejeni të nxehtë.

65. Pulë me domate

Serbimet: 4
Koha e gatimit: 15 minuta
Përbërësit:
1 lb kofshët e pulës
3 lugë gjelle vaj ulliri
1 filxhan domate rrushi
1/2 lugë spec djegës pluhur
Piper
Kripë

Drejtimet:
Zgjidhni modalitetin e skuqjes me ajër, vendosni temperaturën në 400 °F dhe vendosni kohëmatësin në 15 minuta. Shtypni çelësin e cilësimeve për t'u ngrohur paraprakisht.
Në një tas, hidhni kofshët e pulës me vaj, pluhur djegës, domate, piper dhe kripë.
Shtoni pulën dhe domatet në shportën e fryerjes me ajër.
Pasi njësia të jetë nxehur paraprakisht, hapni derën dhe vendoseni koshin e fryerjes së ajrit në nivelin e sipërm të furrës dhe mbylleni derën.
Shërbejeni dhe shijoni.

66. Gjoksi italian i pulës

Serbimet: 8
Koha e gatimit: 45 minuta
Përbërësit:
8 gjoks pule, pa lëkurë dhe pa kocka
3 oz djathë feta, i grimcuar
1 lugë gjelle rigon
4 lugë gjelle lëng limoni të freskët
Piper
Kripë

Drejtimet:
Vendoseni pulën në një enë pjekjeje.
Përziejini së bashku përbërësit e mbetur dhe hidhini sipër pulës.
Zgjidhni modalitetin e pjekjes dhe më pas vendosni temperaturën në 350 °F dhe kohën për 45 minuta. Shtypni fillimin.
Pasi furra dixhitale Ninja Foodi të nxehet më parë, vendoseni enën e pjekjes në furrë.
Shërbejeni dhe shijoni.

67. Gjoks pule me kore parmixhani

Serbimet: 4
Koha e gatimit: 15 minuta
Përbërësit:
2 gjokse të mëdha pule
1 filxhan majonezë
1 filxhan djathë parmixhano, i grirë
1 filxhan bukë panko

Drejtimet:
Pritini çdo gjoks pule përgjysmë dhe më pas me një grusht çekiç mishi secilin në trashësi të barabartë.
Përhapeni majonezën në të dyja anët e secilës pjesë të pulës në mënyrë të barabartë.
Në një tas të cekët përzieni parmixhanin dhe thërrimet e bukës.
Lyejeni masën e parmixhanit me copën e pulës.
Shtypni butonin AIR OVEN MODE të furrës dixhitale Ninja Foodi dhe rrotulloni çelësin për të zgjedhur modalitetin "Air Fry".
Shtypni butonin TIME/SLICES dhe rrotulloni sërish çelësin për të vendosur kohën e gatimit në 15 minuta.
Tani shtypni butonin TEMP/SHADE dhe rrotulloni çelësin për të vendosur temperaturën në 390 °F.
Shtypni butonin "Start/Stop" për të filluar.
Kur njësia të bie për të treguar se është ngrohur paraprakisht, hapni derën e furrës.
Vendosni copat e pulës në koshin e skuqur me yndyrë dhe futini në furrë.
Pas 10 minutash zierje, ktheni copat e pulës një herë.
Kur të përfundojë koha e gatimit, hapni derën e furrës dhe shërbejeni të nxehtë.

68. Krahët e pulës të ziera me soje

Serbimet: 6
Koha e gatimit: 1 orë 30 minuta
Përbërësit:
3 gota salcë soje
2 lugë gjelle xhenxhefil të freskët të grirë
6 thelpinj hudhre, te grira
2 lugë sheqer kafe të errët
¼ filxhan verë orizi
1 lugë gjelle pluhur kinez me pesë erëza
3 qepë, pjesë të bardha dhe jeshile, të grira
2 lugë vaj susami
3 kilogramë krahë pule

Drejtimet:
Në një tas të madh, rrihni së bashku salcën e sojës, xhenxhefilin, hudhrën, sheqerin kaf, verën e orizit, pluhurin me pesë erëza, qepët dhe vajin e susamit.
Vendosni krahët e pulës në tavë.
Derdhni marinadën në mënyrë të barabartë mbi krahët.
Mbulojeni enën me mbështjellës plastik dhe vendoseni në frigorifer për të paktën 30 minuta, por në mënyrë ideale për 6 orë.
Zgjidhni "AIR ROAST" në furrën tuaj dixhitale të fërgimit me ajër Ninja Foodi.
Vendoseni temperaturën në 300 °F dhe vendosni kohën në 1 orë, 30 minuta.
Shtypni "START/PAUSE" për të filluar ngrohjen paraprake.
Kur njësia të jetë ngrohur paraprakisht, hapeni enën dhe vendoseni në raftin e telit brenda.
Mbyllni derën e furrës për të filluar gatimin.
Kur të ketë përfunduar gatimi, i shërbejmë krahët e pulës në tavë.

69. Kopshtet pikante të pulës

Serbimet: 4
Koha e gatimit: 30 minuta
Përbërësit:
2 lbs daulle pule
2 lugë gjelle vaj ulliri
1 1/2 lugë salcë e nxehtë
1 lugë paprika
1 lugë gjelle pastë domate
2 lugë gjelle uthull
Piper
Kripë

Drejtimet:
Shtoni të gjithë përbërësit në tasin e madh të përzierjes dhe përzieni mirë.
Transferoni kopsat e pulës në enën e pjekjes.
Zgjidhni modalitetin e pjekjes dhe më pas vendosni temperaturën në 450 °F dhe kohën për 30 minuta. Shtypni fillimin.
Pasi furra dixhitale Ninja Foodi të nxehet më parë, vendoseni enën e pjekjes në furrë.
Shërbejeni dhe shijoni.

70. Kofshët e pulës të ëmbla dhe të tharta

Serbimet: 1
Koha e gatimit: 20 minuta
Përbërësit:
¼ lugë salcë soje
¼ lugë gjelle uthull orizi
½ lugë çaji sheqer
½ hudhër, e grirë
½ qepë qepë, e grirë hollë
¼ filxhan miell misri
1 kofshë pule, pa lëkurë dhe pa kocka
Kripë dhe piper të zi, për shije

Drejtimet:
Merrni një tas dhe përzieni të gjithë përbërësit, përveç miellit të pulës dhe misrit.
Shtoni kofshën e pulës në tas që të lyhet mirë.
Merrni një enë tjetër dhe shtoni miell misri.
Hiqni kofshët e pulës nga marinada dhe lyejini lehtë me miell misri.
Aktivizoni furrën tuaj dixhitale me ajër të skuqur Ninja Foodi dhe rrotulloni çelësin për të zgjedhur "Air Fry".
Zgjidhni kohëmatësin për rreth 10 minuta dhe temperaturën për 390 °F.
Lyejeni shportën e skuqjes me ajër dhe vendosni kofshët e pulës në koshin e përgatitur.
Skuqini në ajër për rreth 10 minuta dhe më pas për 10 minuta të tjera në 355 °F.
E heqim nga furra dhe e servirim në një pjatë.
Shërbejeni të nxehtë dhe shijoni!

71. Pulë me spinaq

Serbimet: 2
Koha e gatimit: 20 minuta
Përbërësit:
2 gjoks pule, pa kocka dhe pa lëkurë
1/4 filxhan domate të thara në diell, të copëtuara
2 gota spinaq të freskët, të copëtuar dhe të gatuar
1/4 filxhan djathë çedër, i grirë
3 oz krem djathi
Piper
Kripë

Drejtimet:
Pritini gjokset e pulës në gjysmë dhe vendosini në enën e pjekjes.
I rregullojmë me piper dhe kripë.
Në një enë përzieni spinaqin, hudhrën pluhur, domatet, djathin çedër dhe kremin e djathit.
Përhapeni përzierjen e spinaqit sipër pulës.
Zgjidhni modalitetin e pjekjes dhe më pas vendosni temperaturën në 425 °F dhe kohën për 20 minuta. Shtypni fillimin.
Pasi furra dixhitale Ninja Foodi të nxehet më parë, vendoseni enën e pjekjes në furrë.
Shërbejeni dhe shijoni.

72. Pulë me limon-lime

Serbimet: 2
Koha e gatimit: 20 minuta
Përbërësit:
2 lugë vaj vegjetal
2 lugë gjelle lëng limoni
¼ filxhan lëng limoni
2 gjysma gjoksi pule pa lëkurë dhe pa kocka
Erëza italiane për shije
Kripë për shije

Drejtimet:
Merrni një tas të madh dhe shtoni lëng limoni, lëng limoni dhe vaj.
Vendoseni pulën në përzierje dhe vendoseni në frigorifer për të paktën një orë.
Aktivizoni furrën tuaj dixhitale me ajër të fryerës Ninja Foodi dhe rrotulloni çelësin për të zgjedhur "Broil".
Merrni një SearPlate.
E rregullojmë pulën në pjatë dhe e rregullojmë me erëza italiane dhe kripë.
Ziejeni pulën për 10 minuta dhe vendosni temperaturën në nivelin e ulët.
Ktheni mishin e pulës, aromatizoni përsëri dhe ziejini për 10 minuta të tjera.
Shërbejeni të ngrohtë dhe shijoni!

73. Kërpucë pule krokante

Serbimet: 4
Koha e gatimit: 25 minuta
Përbërësit:
4 shkopinj pule
1 lugë erëza adobo
Kripë, sipas nevojës
1 lugë gjelle pluhur qepë
1 lugë hudhër pluhur
½ lugë gjelle paprika
Piper i zi i bluar sipas deshires
2 vezë
2 lugë qumësht
1 filxhan miell për të gjitha përdorimet
¼ filxhan niseshte misri

Drejtimet:
I rregulloni shkopinjtë e pulës me erëza adobo dhe pak kripë.
Lëreni mënjanë për rreth 5 minuta.
Në një tas të vogël shtoni erëzat, kripën dhe piperin e zi dhe përziejini mirë.
Në një tas të cekët, shtoni vezët, qumështin dhe 1 lugë çaji përzierje erëzash dhe rrihni derisa të bashkohen mirë.
Në një enë tjetër të cekët, shtoni miellin, niseshtën e misrit dhe përzierjen e mbetur të erëzave.
Lyejini kopat e pulës me përzierjen e miellit dhe hiqni tepricën.
Tani, zhytni kopat e pulës në përzierjen e vezëve.
Përsëri lyejini kopat e pulës me përzierje mielli.
Vendosini kopat e pulës në një tepsi të veshur me tela dhe lërini mënjanë për rreth 15 minuta.
Tani, rregulloni shkopinjtë e pulës në një pjatë pule dhe spërkatni lehtë pulën me llak gatimi.
Shtypni butonin AIR OVEN MODE të furrës dixhitale Ninja Foodi dhe rrotulloni çelësin për të zgjedhur modalitetin "Air Fry".
Shtypni butonin TIME/SLICES dhe rrotulloni sërish çelësin për të vendosur kohën e gatimit në 25 minuta.

Tani shtypni butonin TEMP/SHADE dhe rrotulloni çelësin për të vendosur temperaturën në 350 °F.
Shtypni butonin "Start/Stop" për të filluar.
Kur njësia të bie për të treguar se është ngrohur paraprakisht, hapni derën e furrës dhe lyejeni koshin e skuqjes me ajër.
Vendosni kopsat e pulës në koshin e përgatitur me ajër të skuqur dhe futini në furrë.
Kur të përfundojë koha e gatimit, hapni derën e furrës dhe shërbejeni të nxehtë.

74. Kofshët e pulës të pjekura

Serbimet: 6
Koha e gatimit: 35 minuta
Përbërësit:
6 kofshë pule
1 lugë gjelle vaj ulliri
Për fërkim:
1/2 lugë piper
1 lugë hudhër pluhur
1 lugë qepë pluhur
1/2 lugë borzilok
1/2 lugë rigon
1/2 lugë kripë

Drejtimet:
Vendoseni raftin në pozicionin e poshtëm dhe mbyllni derën.
Zgjidhni modalitetin e pjekjes vendosni temperaturën në 390 °F dhe vendosni kohëmatësin në 35 minuta. Shtypni çelësin e cilësimeve për t'u ngrohur paraprakisht.
Lyejini kofshët e pulës me vaj ulliri.
Në një tas të vogël, përzieni së bashku fërkoni përbërësit dhe fërkojeni në të gjithë pulën.
Rregulloni pulën në një enë pjekjeje.
Pasi njësia të jetë ngrohur paraprakisht, hapni derën dhe vendoseni enën e pjekjes në qendër të raftit dhe mbylleni derën.
Shërbejeni dhe shijoni.

75. <u>Pulë Stir Fry</u>

Serbimet: 2
Koha e gatimit: 25 minuta
Përbërësit:
1 kile gjoks pule të prerë në kubikë
2 speca të kuq zile, të prera hollë
½ piper zile të verdhë, i prerë në feta hollë
2 speca zile portokalli, të prera hollë
1 karotë, e prerë hollë
¼ filxhan salcë me përzierje të skuqur
¼ filxhan misër, i kulluar
½ filxhan brokoli, i prerë në lule
2 lugë çaji fara susami për zbukurim
llak vaji për lyerje

Drejtimet:
Merrni një tas dhe shtoni pulën, specat zile, misrin, brokolin dhe karotat në një tas.
Përdorni një llak vaji për të lyer përbërësin me vaj.
Vendosini përbërësit në një tavë me fletë ninja.
Aktivizoni PJEKJE TË AJRIT në furrën tuaj dixhitale të skuqjes me ajër Ninja Foodi.
Vendosni kohëmatësin në 25 minuta në 400 °F.
Dekoroni me farat e susamit dhe salcën e skuqni.

76. Pulë me mustardë me mjaltë

Serbimet: 6
Koha e gatimit: 40 minuta
Përbërësit:
6 kofshë pule, me kocka dhe me lëkurë
1/2 filxhan mjaltë
1/4 filxhan mustardë të verdhë
Piper
Kripë

Drejtimet:
Vendoseni raftin në pozicionin e poshtëm dhe mbyllni derën. Zgjidhni modalitetin e pjekjes vendosni temperaturën në 350 °F dhe vendosni kohëmatësin në 40 minuta. Shtypni çelësin e cilësimeve për t'u ngrohur paraprakisht.
E rregullojmë pulën me piper dhe kripë dhe e vendosim në enë për pjekje.
Përziejini së bashku mustardën e verdhë dhe mjaltin dhe hidhini sipër pulës.
Pasi njësia të jetë ngrohur paraprakisht, hapni derën dhe vendoseni enën e pjekjes në qendër të raftit dhe mbylleni derën.
Shërbejeni dhe shijoni.

77. Kaboba pule

Serbimet: 2
Koha e gatimit: 9 minuta
Përbërësit:
1 gjoks pule, të prerë në copa të mesme
1 lugë gjelle lëng limoni të freskët
3 thelpinj hudhre, te grira
1 lugë gjelle rigon i freskët, i grirë
½ lugë çaji lëvore limoni, e grirë
Kripë dhe piper i zi i bluar sipas dëshirës
1 lugë çaji jogurt i thjeshtë grek
1 lugë çaji vaj ulliri

Drejtimet:
Në një enë të madhe shtoni mishin e pulës, lëngun e limonit, hudhrën, rigonin, lëkurën e limonit, kripën dhe piperin e zi dhe i hidhni të lyhen mirë.
Mbulojeni enën dhe vendoseni në frigorifer gjatë natës.
Hiqeni enën nga frigoriferi dhe përzieni kosin dhe vajin.
Kaloni copat e pulës në hellet metalike.
Shtypni butonin AIR OVEN MODE të furrës dixhitale Ninja Foodi dhe rrotulloni çelësin për të zgjedhur modalitetin "Air Fry".
Shtypni butonin TIME/SLICES dhe rrotulloni përsëri çelësin për të vendosur kohën e gatimit në 9 minuta.
Tani shtypni butonin TEMP/SHADE dhe rrotulloni çelësin për të vendosur temperaturën në 350 °F.
Shtypni butonin "Start/Stop" për të filluar.
Kur njësia të bie për të treguar se është ngrohur paraprakisht, hapni derën e furrës dhe lyejeni koshin e skuqjes me ajër.
Vendosni helltarët në koshin e përgatitur me ajër dhe futini në furrë.
Kthejini hellet një herë në gjysmë.
Kur të përfundojë koha e gatimit, hapni derën e furrës dhe shërbejeni të nxehtë.

78. Pulë e pjekur krokante

Serbimet: 8

Koha e gatimit: 40 minuta

Përbërësit:

1 pulë e plotë, e prerë në 8 pjesë

Kripë dhe piper i zi i bluar sipas dëshirës

2 gota dhallë

2 gota miell për të gjitha përdorimet

1 lugë gjelle mustardë e bluar

1 lugë hudhër pluhur

1 lugë gjelle pluhur qepë

1 lugë gjelle paprika

Drejtimet:

Fërkoni copat e pulës me kripë dhe piper të zi.

Në një tas të madh, shtoni copat e pulës dhe dhallën dhe vendoseni në frigorifer që të marinohen për të paktën 1 orë.

Ndërkohë në një enë të madhe vendosim miellin, mustardën, erëzat, kripën dhe piperin e zi dhe i përziejmë mirë.

Hiqni copat e pulës nga tasi dhe pikojini dhallën e tepërt.

Lyejmë copat e pulës me përzierjen e miellit, duke tundur çdo tepricë.

Shtypni butonin AIR OVEN MODE të furrës dixhitale Ninja Foodi dhe rrotulloni çelësin për të zgjedhur modalitetin "Air Fry".

Shtypni butonin TIME/SLICES dhe rrotulloni përsëri çelësin për të vendosur kohën e gatimit në 20 minuta.

Tani shtypni butonin TEMP/SHADE dhe rrotulloni çelësin për të vendosur temperaturën në 390 °F.

Shtypni butonin "Start/Stop" për të filluar.

Kur njësia të bie për të treguar se është ngrohur paraprakisht, hapni derën e furrës dhe lyejeni koshin e skuqjes me ajër me yndyrë.

Vendosni gjysmën e copave të pulës në shportën e skuqjes me ajër dhe futini në furrë.

Përsëriteni me copat e mbetura të pulës.

Kur të përfundojë koha e gatimit, hapni derën e furrës dhe shërbejeni menjëherë.

79. Shkopinj pule me xhenxhefil

Serbimet: 3
Koha e gatimit: 25 minuta
Përbërësit:
¼ filxhan qumësht kokosi me yndyrë të plotë
2 lugë çaji xhenxhefil të freskët, të grirë
2 lugë çaji galangal, të grirë
2 lugë çaji shafran i Indisë i bluar
Kripë, sipas nevojës
3 kope pule

Drejtimet:
Vendosni qumështin e kokosit, galangalin, xhenxhefilin dhe erëzat në një tas të madh dhe përzieni mirë.
Shtoni kopsat e pulës dhe lyejini me marinadën me bollëk.
Lëreni në frigorifer për të marinuar për të paktën 6-8 orë.
Shtypni butonin AIR OVEN MODE të furrës dixhitale Ninja Foodi dhe rrotulloni çelësin për të zgjedhur modalitetin "Air Fry".
Shtypni butonin TIME/SLICES dhe rrotulloni sërish çelësin për të vendosur kohën e gatimit në 25 minuta.
Tani shtypni butonin TEMP/SHADE dhe rrotulloni çelësin për të vendosur temperaturën në 375 °F.
Shtypni butonin "Start/Stop" për të filluar.
Kur njësia të bie për të treguar se është ngrohur paraprakisht, hapni derën e furrës dhe lyejeni koshin e skuqjes me ajër.
Vendosni kopsat e pulës në koshin e përgatitur me ajër të skuqur dhe futini në furrë.
Kur të përfundojë koha e gatimit, hapni derën e furrës dhe shërbejeni të nxehtë.

80. Kofshë pule

Serbimet: 6
Koha e gatimit: 10 minuta
Përbërësit:
2 gjokse të mëdha pule, të prera në kubikë
1 filxhan thërrime buke
⅓ lugë gjelle djathë parmixhano, i grirë
1 lugë çaji pluhur qepë
¼ lugë çaji paprika e tymosur
Kripë dhe piper i zi i bluar sipas dëshirës

Drejtimet:
Në një qese të madhe të rishitshme, shtoni të gjithë përbërësit.
Mbyllni qesen dhe tundeni mirë që të mbulohet tërësisht.
Zgjidhni funksionin "AIR FRY" në furrën tuaj dixhitale me ajër të skuqur Ninja Foodi.
Shtypni "Temp Button" dhe përdorni çelësin për të vendosur temperaturën në 400 °F dhe kohën e gatimit në 10 minuta.
Shtypni butonin "START/PAUSE" për të nisur.
Vendosini copat në shportën Air Crisp dhe futini në furrë.
Kur të përfundojë koha e gatimit, hapni derën dhe transferojini copëzat në një pjatë.
Shërbejeni të ngrohtë.

81. Pule Crispy Cheese

Serbimet: 4
Koha e gatimit: 35 minuta
Përbërësit:
4 gjoks pule
¼ filxhan vaj ulliri
1 filxhan thërrime buke
1 filxhan djathë parmixhano, i grirë
¼ lugë çaji pluhur hudhër
¼ lugë çaji erëza italiane
Kripë dhe piper për shije

Drejtimet:
E rregullojmë pulën me piper dhe kripë dhe e lyejmë me vaj ulliri.
Në një pjatë të cekët, përzieni djathin parmixhano, hudhrën pluhur, erëzat italiane dhe thërrimet e bukës.
Lyejeni pulën me përzierjen e parmixhanit dhe thërrimeve të bukës dhe vendoseni në enë për pjekje.
Vendoseni raftin e telit brenda furrës suaj të skuqjes dixhitale të ajrit Ninja Foodi.
Zgjidhni modalitetin "BAKE", vendosni temperaturën në 350 °F dhe vendosni kohën në 35 minuta. Shtypni startin për të filluar ngrohjen paraprake.
Pasi furra dixhitale me ajër të skuqur Ninja Foodi të jetë nxehur paraprakisht, vendoseni enën e pjekjes në një raft teli dhe mbyllni derën e furrës për të filluar gatimin. Gatuani për 35 minuta.
Shërbejeni dhe shijoni.

82. Shkopinj pule me xhenxhefil

Serbimet: 6
Koha e gatimit: 25 minuta
Përbërësit:
4 lugë çaji xhenxhefil të freskët, të grirë
4 lugë çaji galangal, të grira
½ filxhan qumësht kokosi me yndyrë të plotë
4 lugë çaji shafran i Indisë i bluar
Kripë, për shije
6 shkopinj pule

Drejtimet:
Merrni një tas dhe përzieni së bashku galangal, xhenxhefil, qumësht kokosi dhe erëza.
Shtoni kopsat e pulës në tas për t'u lyer mirë.
Lëreni në frigorifer për të paktën 6 deri në 8 orë.
Aktivizoni furrën tuaj dixhitale me ajër të skuqur Ninja Foodi dhe rrotulloni çelësin për të zgjedhur "Air Fry".
Zgjidhni kohëmatësin për rreth 20 deri në 25 minuta dhe temperaturën për 375 °F.
Lyejeni shportën e skuqjes me ajër dhe vendosni shkopinjtë në koshin e përgatitur.
E heqim nga furra dhe e servirim në një pjatë.
Shërbejeni të nxehtë dhe shijoni!

83. Tavë pule kremoze

Serbimet: 4
Koha e gatimit: 47 minuta.
Përbërësit:
Tavë me kërpudha pule
2 ½ kile gjoks pule, të prerë në rripa
1 ½ lugë çaji kripë
¼ lugë çaji piper i zi
1 filxhan miell për të gjitha përdorimet
6 lugë vaj ulliri
1 kile kërpudha të bardha, të prera në feta
1 qepë mesatare, e prerë në kubikë
3 thelpinj hudhre, te grira
Salcë
3 lugë gjalpë pa kripë
3 lugë miell për të gjitha përdorimet
½ filxhan qumësht, sipas dëshirës
1 filxhan lëng pule, sipas dëshirës
1 lugë gjelle lëng limoni
1 filxhan krem gjysmë e gjysmë

Drejtimet:
Lyejeni një tavë me gjalpë dhe hidhni mish pule me kërpudha dhe të gjithë përbërësit e tavës.
Përgatitni salcën në një tigan të përshtatshëm. Shtoni gjalpin dhe shkrijeni në zjarr mesatar.
Hidhni miellin për të gjitha përdorimet dhe përzieni mirë për 2 minuta, më pas hidhni qumështin, lëngun e pulës, lëngun e limonit dhe kremin.
Përziejini mirë dhe derdhni këtë salcë të bardhë kremoze mbi përzierjen e pulës në SearPlate.
Transferojeni "SearPlate" në furrën me fërgesë dixhitale "Ninja Foodi" dhe mbyllni derën.
Zgjidhni modalitetin "Pjekje" duke rrotulluar çelësin.
Shtypni butonin TIME/FELAT dhe ndryshoni vlerën në 45 minuta.
Shtypni butonin TEMP/SHADE dhe ndryshoni vlerën në 350 °F.
Shtypni Start/Stop për të filluar gatimin.
Shërbejeni të ngrohtë.

84. Pule ananasi

Serbimet: 4
Koha e gatimit: 18 minuta
Përbërësit:
2 lb kofshët e pulës, pa kocka
1/4 filxhan lëng ananasi
1/4 filxhan salcë soje
1/4 filxhan ketchup
3/4 lugë hudhër, të grirë
1/4 lugë xhenxhefil të bluar
1/2 filxhan sheqer kaf

Drejtimet:
Zgjidhni modalitetin e skuqjes me ajër, vendosni temperaturën në 360 °F dhe vendosni kohëmatësin në 18 minuta. Shtypni çelësin e cilësimeve për t'u ngrohur paraprakisht.
Shtoni pulën, hudhrën, xhenxhefilin, lëngun e ananasit, salcën e sojës, ketchup-in dhe sheqerin kaf në një qese me zinxhir. Mbyllni qesen dhe vendoseni në frigorifer për 2 orë.
Hiqeni pulën nga marinada dhe vendoseni në shportën e fryerjes me ajër.
Pasi njësia të jetë nxehur paraprakisht, hapni derën dhe vendoseni koshin e fryerjes së ajrit në nivelin e sipërm të furrës dhe mbylleni derën.
Shërbejeni dhe shijoni.

85. Gjalpë barishtore pule

Serbimet: 2
Koha e gatimit: 15 minuta
Përbërësit:
1 ½ thelpi hudhër, të grirë
½ lugë çaji majdanoz i tharë
⅛ lugë çaji rozmarinë e tharë
⅛ lugë çaji trumzë e tharë
2 gjysma gjoksi pule pa lëkurë dhe pa kocka
¼ filxhan gjalpë, i zbutur

Drejtimet:
Aktivizoni furrën tuaj dixhitale me ajër të fryerës Ninja Foodi dhe rrotulloni çelësin për të zgjedhur "Broil".
Mbulojeni SearPlate me letër alumini dhe vendosni pulën mbi të.
Merrni një tas të vogël dhe përzieni së bashku majdanozin, rozmarinë, trumzën, gjalpin dhe hudhrën.
Përhapeni përzierjen sipër pulës.
Ziejini në furrë me lyerjen e gjalpit dhe barishteve për të paktën 30 minuta në temperaturë të ulët.
Shërbejeni të ngrohtë dhe shijoni!

86. Pulë portokalli

Serbimet: 4
Koha e gatimit: 35 minuta
Përbërësit:
4 gjoks pule, pa lëkurë
1 lugë rozmarinë, e prerë
1/4 filxhan lëng portokalli
1/2 lugë vaj ulliri
Piper
Kripë

Drejtimet:
Fërkojeni pulën me hudhër dhe vaj. I rregullojmë me rozmarinë dhe piper.
Vendoseni pulën në enën e pjekjes. Hidhni lëng portokalli rreth pulës.
Zgjidhni modalitetin e pjekjes dhe më pas vendosni temperaturën në 450 °F dhe kohën për 35 minuta. Shtypni fillimin.
Pasi furra dixhitale Ninja Foodi të nxehet më parë, vendoseni enën e pjekjes në furrë.
Shërbejeni dhe shijoni.

87. Gjoks pule Cajun Roast

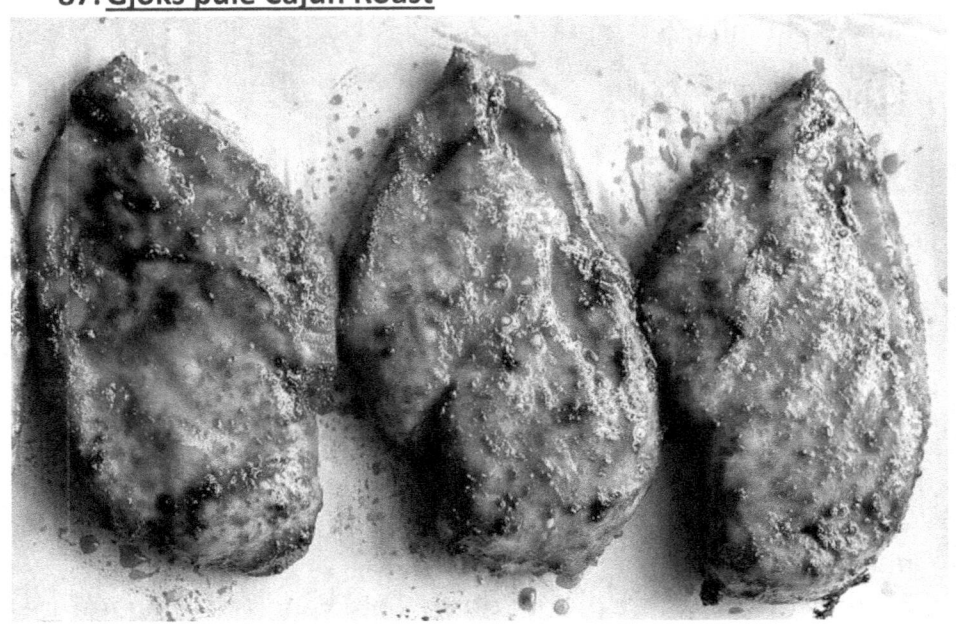

Serbimet: 2
Koha e gatimit: 20 minuta
Përbërësit:
1 kile gjoks pule, i pazier dhe pa lëkurë
2 lugë vaj, të ndara
2 lugë erëza Cajun
3 patate të ëmbla, të qëruara, të prera në kubikë
1 filxhan brokoli i prerë në lule
Kripë dhe piper të zi për shije

Drejtimet:
Merrni një tas dhe shtoni vaj dhe erëza Cajun. Fërkojeni gjoksin e pulës me fërkim.
Vendoseni pulën në tiganin Ninja Foodie së bashku me brokolin dhe patatet e ëmbla. Sipër spërkatni kripë dhe piper të zi.
Aktivizoni furrën dixhitale me ajër të skuqur Ninja Foodi dhe zgjidhni "AIR ROAST" në furrën tuaj dixhitale me ajër të skuqur Ninja Foodi.
Vendosni kohëmatësin në 20 minuta dhe temperaturën në 400 °F.
Pasi të jetë bërë parangrohja, shtoni tavën e pulës në furrë.
Kur temperatura e brendshme e pulës të arrijë 165 °F, shërbejeni dhe shijojeni.

88. Krahët e shijshëm të pulës

Serbimet: 6
Koha e gatimit: 12 minuta
Përbërësit:
6 krahë pule
1/2 lugë çaji flakë djegës të kuq
1 lugë mjaltë
2 lugë gjelle salcë Worcestershire
Piper
Kripë

Drejtimet:
Shtoni të gjithë përbërësit përveç krahëve të pulës në një tas dhe përziejini mirë.
Rregulloni krahët e pulës në një shportë me fryerje me ajër.
Zgjidhni skuqjen në ajër dhe më pas vendosni temperaturën në 350 °F dhe kohën për 12 minuta. Shtypni fillimin.
Pasi furra dixhitale me ajër të skuqur Ninja Foodi të jetë nxehur më parë, vendoseni shportën në shinat e sipërme të furrës.
Shërbejeni dhe shijoni.

89. Shkopinj pule kineze

Serbimet: 4
Koha e gatimit: 20 minuta
Përbërësit:
1 lugë gjelle salcë gocë deti
1 lugë çaji salcë soje e lehtë
½ lugë çaji vaj susami
1 lugë çaji pluhur kinez me pesë erëza
Kripë dhe piper të bardhë të bluar, sipas dëshirës
4 shkopinj pule
1 filxhan miell misri

Drejtimet:
Në një enë përziejmë salcat, vajin, pluhurin me pesë erëza, kripën dhe piperin e zi.
Shtoni kopsat e pulës dhe lyejeni bujarisht me marinadën.
Lëreni në frigorifer për të paktën 30-40 minuta.
Në një enë të cekët vendosim miellin e misrit.
Hiqeni pulën nga marinada dhe lyejeni lehtë me miell misri.
Shtypni butonin AIR OVEN MODE të furrës dixhitale Ninja Foodi dhe rrotulloni çelësin për të zgjedhur modalitetin "Air Fry".
Shtypni butonin TIME/SLICES dhe rrotulloni përsëri çelësin për të vendosur kohën e gatimit në 20 minuta.
Tani shtypni butonin TEMP/SHADE dhe rrotulloni çelësin për të vendosur temperaturën në 390 °F.
Shtypni butonin "Start/Stop" për të filluar.
Kur njësia të bie për të treguar se është ngrohur paraprakisht, hapni derën e furrës dhe lyejeni koshin e skuqjes me ajër.
Vendosni kopsat e pulës në koshin e përgatitur me ajër të skuqur dhe futini në furrë.
Kur të përfundojë koha e gatimit, hapni derën e furrës dhe shërbejeni të nxehtë.

90. Kafshimet e shijshme të pulës

Serbimet: 4
Koha e gatimit: 20 minuta
Përbërësit:
2 kg kofshët e pulës, të prera në copa
2 lugë gjelle vaj ulliri
1/2 lugë pluhur qepë
1/2 lugë hudhër pluhur
1/4 filxhan lëng limoni të freskët
1/4 lugë piper të bardhë
Piper
Kripë

Drejtimet:
Zgjidhni modalitetin e skuqjes me ajër, vendosni temperaturën në 380 °F dhe vendosni kohëmatësin në 20 minuta. Shtypni çelësin e cilësimeve për t'u ngrohur paraprakisht.
Shtoni copat e pulës dhe përbërësit e mbetur në tasin e madh dhe përziejini mirë.
Mbulojeni dhe vendoseni në frigorifer për një natë.
Rregulloni pulën në shportën e fryerjes me ajër.
Pasi njësia të jetë nxehur paraprakisht, hapni derën dhe vendoseni koshin e fryerjes së ajrit në nivelin e sipërm të furrës dhe mbylleni derën.
Shërbejeni dhe shijoni.

91. Gjoks pule të mbështjellë me proshutë

Serbimet: 2
Koha e gatimit: 35 minuta
Përbërësit:
2 gjoks pule pa kocka dhe pa lëkurë
½ lugë çaji paprika e tymosur
½ lugë çaji pluhur hudhër
Kripë dhe piper i zi i bluar sipas dëshirës
4 feta të holla proshutë

Drejtimet:
Me një çekiç mishi, grisni çdo gjoks pule në trashësi ¾ inç.
Në një enë përziejmë së bashku paprikën, hudhrën pluhur, kripën dhe piperin e zi.
Fërkoni gjokset e pulës me përzierjen e erëzave në mënyrë të barabartë.
Mbështilleni çdo gjoks pule me shirita proshutë.
Shtypni butonin AIR OVEN MODE të furrës dixhitale Ninja Foodi dhe rrotulloni çelësin për të zgjedhur modalitetin "Air Fry".
Shtypni butonin TIME/SLICES dhe rrotulloni sërish çelësin për të vendosur kohën e gatimit në 35 minuta.
Tani shtypni butonin TEMP/SHADE dhe rrotulloni çelësin për të vendosur temperaturën në 400 °F.
Shtypni butonin "Start/Stop" për të filluar.
Kur njësia të bie për të treguar se është ngrohur paraprakisht, hapni derën e furrës.
Vendosni copat e pulës në koshin e skuqur me yndyrë dhe futini në furrë.
Kur të përfundojë koha e gatimit, hapni derën e furrës dhe shërbejeni të nxehtë.

92. Fileto pule e skuqur në ajër

Serbimet: 6
Koha e gatimit: 9 minuta
Përbërësit:
½ filxhan borzilok të freskët
¼ filxhan cilantro e freskët
1 luge vaj ulliri
1 lugë çaji hudhër, e grirë
1 kile fileto pule

Drejtimet:
Përziejini me cilantro të freskët dhe borzilokun në një blender.
Shtoni vaj ulliri dhe hudhrën e grirë, përzieni mirë. Pritini fileton në butësi mesatare dhe shtoni përzierjen e borzilokut dhe përzieni.
Vendoseni tiganin pikues në fund të dhomës së gatimit të furrës me ajër.
Ngrohni paraprakisht furrën tuaj të Fryerës dixhitale Ninja Foodi në 360 °F në modalitetin "AIR FRY".
Shtoni butet në furrë dhe gatuajeni për 9 minuta. I trazojmë mirë.
Pasi të jetë gatuar, lërini të ftohen dhe shërbejini.
Kënaquni!

93. Pulë e shijshme japoneze

Serbimet: 4
Koha e gatimit: 10 minuta
Përbërësit:
1 1/2 paund kofshë pule, pa kocka dhe të prera në copa 2 inç
1 lugë hudhër, e grirë
1 lugë sheqer kaf
1 lugë gjelle uthull vere orizi
3 lugë salcë soje
2 lugë xhenxhefil, i grirë
1/2 filxhan niseshte misri

Drejtimet:
Zgjidhni modalitetin e skuqjes me ajër, vendosni temperaturën në 400 °F dhe vendosni kohëmatësin në 10 minuta. Shtypni çelësin e cilësimeve për t'u ngrohur paraprakisht.
Në një tas, shtoni pulën, xhenxhefilin, hudhrën, sheqerin kaf, uthullën dhe salcën e sojës dhe përzieni mirë.
Mbulojeni dhe vendosni në frigorifer për një natë.
Hiqeni pulën nga marinada dhe hidheni me niseshte misri.
Rregulloni pulën në shportën e fryerjes me ajër.
Pasi njësia të jetë nxehur paraprakisht, hapni derën dhe vendoseni koshin e fryerjes së ajrit në nivelin e sipërm të furrës dhe mbylleni derën.
Shërbejeni dhe shijoni.

94. Patates pule

Serbimet: 4
Koha e gatimit: 25 minuta
Përbërësit:
1 vezë
1 lb pulë e bluar
2 filxhanë brokoli, të gatuar dhe të copëtuar
1/2 filxhan thërrime buke
1 1/2 filxhan djathë mocarela, të grirë
Piper
Kripë

Drejtimet:
Shtoni të gjithë përbërësit në tasin e madh dhe përziejini derisa të kombinohen mirë.
Nga përzierja bëni peta të vogla dhe vendosini në një tepsi.
Zgjidhni modalitetin e pjekjes dhe më pas vendosni temperaturën në 390 °F dhe kohën për 25 minuta. Shtypni fillimin.
Pasi furra dixhitale me ajër të skuqur Ninja Foodi të jetë nxehur më parë, vendoseni tavën me fletë në furrë.
Kthejeni petat pas 15 minutash.
Shërbejeni dhe shijoni.

95. Pulë e pjekur në fermë të marinuar

Serbimet: 1
Koha e gatimit: 15 minuta
Përbërësit:
1 luge vaj ulliri
½ lugë gjelle uthull vere të kuqe
2 lugë gjelle përzierje të thatë të veshjes në stilin Ranch
1 gjoks pule gjysma, pa lëkurë dhe pa kocka

Drejtimet:
Merrni një tas dhe përzieni së bashku përzierjen e salcës, vajin dhe uthullën.
Shtoni pulën në të dhe hidheni të lyhet mirë.
Lëreni në frigorifer për rreth një orë.
Aktivizoni furrën tuaj dixhitale me ajër të fryerës Ninja Foodi dhe rrotulloni çelësin për të zgjedhur "Broil".
Vendosni kohëmatësin për 15 minuta dhe nivelin e temperaturës në të lartë. Shtypni butonin Start/Stop për të filluar ngrohjen paraprake.
Kur njësia të bie për të nënkuptuar se është ngrohur paraprakisht, vendoseni pulën në pjatën e kërkimit dhe ziejini për rreth 15 minuta derisa pula të jetë gatuar.
Shërbejeni të ngrohtë dhe shijoni!

96. Pulë e pjekur me piper limoni

Serbimet: 4
Koha e gatimit: 30 minuta
Përbërësit:
4 gjoks pule, pa lëkurë dhe pa kocka
1 lugë erëza piper limoni
4 lugë çaji lëng limoni
4 lugë gjalpë, i prerë në feta
1/2 lugë paprika
1 lugë hudhër pluhur
Piper
Kripë

Drejtimet:
Vendoseni raftin në pozicionin e poshtëm dhe mbyllni derën. Zgjidhni modalitetin e pjekjes vendosni temperaturën në 350 °F dhe vendosni kohëmatësin në 30 minuta. Shtypni çelësin e cilësimeve për t'u ngrohur paraprakisht.
E rregullojmë pulën me piper dhe kripë dhe e vendosim në enë për pjekje.
Hidhni lëng limoni mbi pulën.
Përziejini së bashku paprikën, erëzat me piper limoni dhe hudhrën pluhur dhe spërkatni sipër pulës.
Shtoni feta gjalpë sipër pulës.
Pasi njësia të jetë ngrohur paraprakisht, hapni derën dhe vendoseni enën e pjekjes në qendër të raftit dhe mbylleni derën.
Shërbejeni dhe shijoni.

97. Pjekje me patate pule

Serbimet: 4
Koha e gatimit: 25 minuta.
Përbërësit:
4 patate të prera në kubikë
1 lugë hudhër, e grirë
1,5 lugë vaj ulliri
⅛ lugë çaji kripë
⅛ lugë çaji piper
1,5 kilogram pulë pa kocka pa lëkurë
¾ filxhan djathë mocarela, i grirë
Majdanoz, i grirë

Drejtimet:
Hidhni pulën dhe patatet me të gjitha erëzat dhe vajin në një pjatë.
Hidhni djathin sipër pulës dhe patateve.
Transferojeni "SearPlate" në furrën me fërgesë dixhitale "Ninja Foodi" dhe mbyllni derën.
Zgjidhni modalitetin "Pjekje" duke rrotulluar çelësin.
Shtypni butonin TIME/FELAT dhe ndryshoni vlerën në 25 minuta.
Shtypni butonin TEMP/SHADE dhe ndryshoni vlerën në 375 °F.
Shtypni Start/Stop për të filluar gatimin.
Shërbejeni të ngrohtë.

FRYKIMI I FRYKIMIT

98. Erëza franceze Tourtiere

Përbërësit

99. 1 lugë çaji kripë selino 1/4 lugë çaji pluhur mustardë
100. 1/2 lugë çaji piper i zi i bluar
101. 1/2 lugë çaji të këndshme të grimcuar
102. 1/2 lugë çaji karafil të bluar
103. 1/2 lugë çaji kanellë të bluar
104. 1/2 lugë çaji trumzë e bluar
105. 1/4 lugë çaji sherebelë e bluar

Drejtimet

1. Merrni një tas dhe shoshitni ose përzieni në mënyrë të barabartë: pluhur mustardë, kripë selino, sherebelë, piper, trumzë, kripë, kanellë dhe karafil.
2. Merrni enën tuaj të ajrosur dhe ruajeni përzierjen e thatë për përdorim të vazhdueshëm.

99. Kari i Karaibeve

Përbërësit
106. 1/4 C. fara të plota koriandër
107. 5 lugë shafran i Indisë së bluar
108. 2 lugë fara të plota qimnon
109. 2 lugë fara të plota mustarde
110. 2 lugë fara të plota anise
111. 1 lugë fara të plota fenugreek
112. 1 lugë gjelle manaferra të plota pipëza

Drejtimet
1. Kombinoni farat e koriandrit, farat e qimnonit, farat e mustardës, farat e anise, farat e fenugreek dhe manaferrat e aromës në një tigan.
2. Skuqeni në zjarr mesatar derisa ngjyra e erëzave të errësohet pak dhe erëzat të jenë shumë aromatike, rreth 10 minuta. Hiqni erëzat nga tigani dhe lërini të ftohen në temperaturën e dhomës. Grini erëzat me shafranin e Indisë në një mulli erëzash. Ruani në një enë hermetike në temperaturën e dhomës.
3. Fërkoni një skuqje të nxehtë pa vaj, theksoni këto për 11 minuta: manaferrat e aromës, farat e koriandërit, farat e fenugreek, farat e qimnonit, farat e anise dhe farat e mustardës.
4. Merrni një llaç dhe shtypës dhe bluajini të gjitha erëzat e thekura me shafran të Indisë.
5. Futni gjithçka në kontejnerët tuaj të ruajtjes.

100. Përzierje erëzash Cajun

Përbërësit

87. 2 lugë çaji kripë
88. 2 lugë çaji hudhër pluhur
89. 2 1/2 lugë çaji paprika
90. 1 lugë çaji piper i zi i bluar
91. 1 lugë çaji pluhur qepë
92. 1 lugë çaji piper kajen 1 1/4 lugë çaji rigon të thatë Udhëzime
93. 1 1/4 lugë çaji trumzë të thatë
94. 1/2 lugë çaji thekon piper të kuq (opsionale)

Drejtimet

1. Merrni një tas, përzieni ose shoshitni në mënyrë të barabartë: thekon piper të kuq, kripë, trumzë, hudhër pluhur, rigon, paprika, kajen, qepë pluhur dhe piper të zi.
2. Merrni një enë të mirë që është hermetike dhe ruani përzierjen tuaj.

PËRFUNDIM

Pula e skuqur është një pjatë që i ka rezistuar kohës dhe mbetet e preferuara e shumë njerëzve. Pjesa e jashtme e tij krokante dhe e brendshme me lëng e bëjnë atë një ushqim komod që shijohet nga njerëzit e të gjitha moshave dhe prejardhjeve. Edhe pse mund të mos jetë ushqimi më i shëndetshëm, është një pjatë që bashkon njerëzit dhe ngjall ndjenja ngrohtësie dhe lumturie. Pavarësisht nëse e bëni në shtëpi ose e shijoni në një restorant, pula e skuqur është një klasik i vërtetë që do të vazhdojë të jetë një pjatë e dashur për brezat që do të vijnë.

www.ingramcontent.com/pod-product-compliance
Lightning Source LLC
LaVergne TN
LVHW021708060526
838200LV00050B/2552